MARCO ⊕ POLO

SIN GAP UR

MARCO POLO AUTOREN
Sabine und Dr. Christoph Hein

Dr. Christoph Hein ist Wirtschaftskorrespondent der Frankfurter Allgemeinen Zeitung für den Raum Südasien-Pazifik mit Sitz in Singapur, seine Ehefrau Sabine Mutter und Autorin. Seit 16 Jahren erkunden die beiden in der Weltstadt auch Märkte und Museen, Tempel und Türme, *haute cuisine* und *hawker center*. Inzwischen kennen sie viele Geheimnisse der Stadt – die sie gerne mit Ihnen teilen.

REIN INS ERLEBEN

Mit dem digitalen Service von MARCO POLO sind Sie noch unbeschwerter unterwegs: Auf den Erlebnistouren zielsicher von A nach B navigieren oder aktuelle Infos abrufen – das und mehr ist nur noch einen Fingertipp entfernt.

Hier geht's lang zu den digitalen Extras:

http://go.marcopolo.de/sin

 ## Touren-App

 ## Update-Service

Ganz einfach orientieren und jederzeit wissen, wo genau Sie gerade sind: Die praktische App zu den Erlebnistouren sorgt dank Offline-Karte und Navigation dafür, dass Sie immer auf dem richtigen Weg sind. Außerdem zeigen Nummern alle empfohlenen Aktivitäten, Genuss-, Kultur- und Shoppingtipps entlang der Tour an.

HTTP://GO.MARCOPOLO.DE/SIN

Immer auf dem neuesten Stand in Ihrer Destination sein: Der Online-Update-Service bietet Ihnen nicht nur aktuelle Tipps und Termine, sondern auch Änderungen von Öffnungszeiten, Preisen oder anderen Angaben zu den Reiseführerinhalten. Einfach als PDF ausdrucken oder für Smartphone, Tablet oder E-Reader herunterladen.

6 INSIDER-TIPPS
Von allen Insider-Tipps finden Sie hier die 15 besten

8 BEST OF …
- 🟢 Tolle Orte zum Nulltarif
- 🔵 Typisch Singapur
- 🟠 Schön, auch wenn es regnet
- 🟣 Entspannt zurücklehnen

12 AUFTAKT
Entdecken Sie Singapur!

18 IM TREND
In Singapur gibt es viel Neues zu entdecken

20 FAKTEN, MENSCHEN & NEWS
Hintergrundinformationen zu Singapur

26 SEHENSWERTES
30 Kolonialviertel 39 Marina Bay 44 Chinatown & Singapore River 49 Little India/Arab Street/Kampong Glam 52 Harbourfront & Sentosa 57 In anderen Vierteln 59 Außerhalb

62 ESSEN & TRINKEN
Die besten Adressen

72 EINKAUFEN
Shoppingspaß und Bummelfreuden

SYMBOLE

INSIDER TIPP Insider-Tipp
★ Highlight
🟢🔵🟠🟣 Best of …
☼ Schöne Aussicht
🌿 Grün & fair: für ökologische oder faire Aspekte
(*) kostenpflichtige Telefonnummer

PREISKATEGORIEN HOTELS

€€€ über 110 Euro
€€ 60–110 Euro
€ bis 60 Euro

Die Preise gelten pro Nacht für zwei Personen im Doppelzimmer ohne Frühstück

PREISKATEGORIEN RESTAURANTS

€€€ über 30 Euro
€€ 15–30 Euro
€ bis 15 Euro

Die Preise gelten für eine Vorspeise, ein Hauptgericht und ein nichtalkoholisches Getränk

4 Titelthemen: In der Bucht der Superlative S. 39, 75 | In den Töpfen der Peranakan S. 69

INHALT

82 AM ABEND
Wohin ausgehen?

90 ÜBERNACHTEN
Adressen von günstig bis luxuriös

98 ERLEBNISTOUREN
98 Singapur perfekt im Überblick 102 Katong – durch Zeiten und Kulturen 105 Romantisches Singapur 107 Die Southern Ridges – unterwegs im grünen Singapur 110 Tiong Bahru – Eintauchen in den Schmelztiegel

114 MIT KINDERN UNTERWEGS
Die besten Ideen für Kinder

116 EVENTS, FESTE & MEHR
Alle Termine auf einen Blick

118 LINKS, BLOGS, APPS & CO.
Zur Vorbereitung und vor Ort

120 PRAKTISCHE HINWEISE
Von A bis Z

126 SPRACHFÜHRER

130 CITYATLAS & STRASSENREGISTER

150 REGISTER & IMPRESSUM

152 BLOSS NICHT!

GUT ZU WISSEN
Freiluftkunst → S. 36
Neuland → S. 43
Entspannen & Genießen → S. 46
Richtig Fit! → S. 55
Sportschau → S. 61
Gourmettempel → S. 66
Spezialitäten → S. 70
Bücher & Filme → S. 86
Luxushotels → S. 94
Feiertage → S. 117
Adressen in Singapur → S. 122

KARTEN IM BAND
(132 A1) Seitenzahlen und Koordinaten verweisen auf den Cityatlas
(0) Ort/Adresse liegt außerhalb des Kartenausschnitts
Es sind auch die Objekte mit Koordinaten versehen, die nicht im Cityatlas stehen

(🗺 A–B 2–3) verweist auf die herausnehmbare Faltkarte
(🗺 a–b 2–3) verweist auf die Nebenkarte auf der herausnehmbaren Faltkarte

UMSCHLAG VORN:
Die wichtigsten Highlights

UMSCHLAG HINTEN:
Liniennetzplan der öffentlichen Verkehrsmittel

Die besten MARCO POLO Insider-Tipps

Von allen Insider-Tipps finden Sie hier die 15 besten

INSIDER TIPP Lecker lernen
Schlemmen und Verstehen: Auf dem *Local Food Trail* im Hawker Centre des ION Orchard lernen Sie die asiatische Küche unter kundiger Führung kennen → S. 67

INSIDER TIPP Magische Spirale
Singapurs höchste Fußgängerbrücke, die hölzernen *Henderson Waves*, winden sich auf Baumwipfelhöhe durch einen Dschungelpark → S. 56

INSIDER TIPP Rockmusik am Wasser
Wenn es Nacht wird am Wochenende, treten Bands aus Singapur ganz umsonst auf der Freilichtbühne vor dem Kulturzentrum Esplanade auf → S. 107

INSIDER TIPP Besetztes Singapur
Memories at Old Ford Factory: Wo einst Autos vom Band liefen, bekommen Sie heute einen tiefen Einblick in die Geschichte des Stadtstaats während der Zeit der japanischen Besatzung → S. 60

INSIDER TIPP Lachen mit der Queen of Drags
Kumar, Singapurs Top-Dragqueen, nimmt in ihrer Show alles auf die Schippe, was ihren Landsleuten heilig ist. Nur sie darf das → S. 89

INSIDER TIPP Leckere Laksa
Singapurs Traditionsgericht ist viel mehr als nur eine Nudelsuppe. Und schmeckt am besten in der Imbissstube *328 Katong Laksa* (Foto re.) → S. 69

INSIDER TIPP In der Peranakan-Welt
Tauchen Sie ein in das Leben von Singapurs frühen Einwanderern; im *Katong Antique House* erfahren Sie alles, was Sie über die Peranakan-Kultur wissen müssen → S. 102

INSIDER TIPP Immer im Kreis herum
Über der alten Mehlmühle dreht sich mit dem *Prima Tower* ein Chinarestaurant der Spitzenklasse. Mit Ausblick und im 1960er-Ambiente schmeckt die berühmte Pekingente des Hauses nochmal so gut → S. 67

INSIDER TIPP ▸ Handeln erwünscht

Paradies für Shopaholics: In asiatischer Enge bieten die Händler im *Queensway Shopping Centre* Sportschuhe und Brillen zu Sonderpreisen an. Es sind Originalprodukte gängiger Sportmarken, 20 Prozent unter dem Preis in der Stadt → **S. 77**

INSIDER TIPP ▸ Hallen voller Möbel

Jahrelang wurden Asiens Antiquitätenläden gestürmt. Nun ist vieles ausverkauft. Aber im *Tan Boon Liat Building* haben Sie noch Chancen, unter alten und reproduzierten Möbeln, Accessoires und Teppichen das Richtige zu finden → **S. 79**

INSIDER TIPP ▸ Sehen und gesehen werden

Da wird man Augen machen! Schicken Sie Ihren Lieben daheim doch Ihr Lieblingsfoto aus Singapur – als Briefmarke. Aber geben Sie dem Empfänger einen kleinen Hinweis. Nicht, dass das gute Stück auf Ihrer Urlaubspost ungesehen im Papierkorb landet → **S. 125**

INSIDER TIPP ▸ Spätzle à la Singapur

Chicken Rice ist lecker. Aber nicht immer. Im *Lokal*, dem schönen Bistro im Erdgeschoss des Goethe-Instituts, gibt es mitten in Chinatown auch mal Gulasch → **S. 64**

INSIDER TIPP ▸ Ballenweise Stoffe

Wer Stoffe liebt und Märkte nicht scheut, wer gern zwischen Seide und Batik stöbert und nach Herzenslust feilscht, der macht sich auf zum chinesischen Stoffmarkt *People's Park* (Foto li.) → **S. 80**

INSIDER TIPP ▸ Wohl bekomm's!

Gurkensaft, Pfeffer, Schokolade? In der *Bar Stories* im Szeneviertel Kampong Glam ist dem Barmixer keine Zutat zu exotisch, um Sie Ihrem ganz eigenen Wunschcocktail hinzuzufügen → **S. 85**

INSIDER TIPP ▸ Landpartie am Hafen

Der schönste *food court* der Stadt liegt auf dem Dach des Einkaufszentrums Vivo City und sieht aus wie ein altes chinesisches Dorf → **S. 66**

BEST OF ...

TOLLE ORTE ZUM NULLTARIF
Neues entdecken und den Geldbeutel schonen

SPAREN

● *Freier Freitag*

In Singapurs ältestem Kunstmuseum, dem *Singapore Art Museum*, brauchen Sie am Freitagabend zwischen 18 und 21 Uhr kein Ticket zu lösen. Zum Wochenendauftakt gibt es die Kunst Südostasiens inklusive Sonderausstellungen umsonst → S. 37

● *Kühles Nass*

Im heißen Stadtstaat wird jedes Restaurant zur Oase, denn Sie bekommen in der Regel kostenloses Eiswasser. Fragen Sie einfach danach, falls man es Ihnen nicht anbietet. Während des Essens schenkt man Ihnen auch jederzeit nach → S. 71

● *Nah am Wasser gebaut*

Auf dem Dach der Marina Barrage lassen Chinesen am Wochenende ihre Drachen steigen. Aus gutem Grund: Hier hat man einen herrlichen Blick auf die Wolkenkratzer, den neuen Botanischen Garten und das Meer → S. 41

● *Spielzeit*

Viele der für Kinder interessanten Attraktionen kosten Geld im teuren Singapur. Im alten Botanischen Garten aber darf Ihr Nachwuchs kostenlos spielen: Der *Jacob Ballas Children's Garden* bietet Klettergerüste, einen Wasserspielplatz und ein schönes Café nebenan → S. 114

● *Lecker für lau*

Vor großen Festen der Chinesen können Sie heimische Leckereien wie gegrilltes Schweinefleisch und Mondkuchen (Foto) an Ständen der Sonderverkaufsfläche im Keller des Kaufhauses *Takashimaya* probieren → S. 76

● *Umsonst schwitzen*

Sie sind fit und ein bisschen Wärme stört Sie nicht? Dann sollten Sie Singapurs Sportarten testen – vom Drachenbootfahren bis zum Wohlstandslauf, der Ihnen Reichtum bescheren soll. Das *Singapore Sports Hub* bietet, zumeist samstagmorgens, zweistündige, kostenlose Schnupperkurse an → S. 18

●●●●● Diese Punkte zeichnen in den folgenden Kapiteln die Best-of-Hinweise aus

TYPISCH SINGAPUR
Das erleben Sie nur hier

● *Essen wie die Einheimischen*
Lassen Sie die Sterne-Restaurants links liegen und essen Sie auf Plastikstühlen in einem der zahllosen Imbisszentren, den *hawkern*. Unterschätzen Sie sie nicht: Weil sie kaum Steuern und Miete zahlen, können sie traditionelles Essen in bester Qualität für ein paar Dollar anbieten. Direkt neben der Esplanade finden Sie *Makansutra Gluttons Bay,* eins der besten *hawker*-Zentren der Stadt → S. 66

● *Zocken wie die Chinesen*
Chinesen lieben das Glücksspiel. Mischen Sie sich unter die Einheimischen und spielen Sie einen Abend mit. Am besten im *Marina-Bay-Sands-Komplex,* das Las-Vegas-Charme mit chinesischer Spielsucht verbindet → S. 25, 42

● *Schwarze Köstlichkeiten*
Zugegeben: Sie sehen aus wie in Wagenschmiere getunkt. Ziehen Sie ein altes, dunkles Hemd an (wegen der Spritzer), mischen Sie sich unter die Singapurer, und lassen Sie sich die *Black Pepper Crabs* im *East Coast Seafood Centre* schmecken → S. 68

● *Die Küste entlangsausen*
Wollen Sie das wirkliche Singapur erfahren, erradeln Sie sich die geteerte Promenade der *East Coast.* Lassen Sie sich einfach ab Höhe Marine Cove vom Taxi absetzen. Alle paar Hundert Meter gibt es Fahrrad- und Rollschuhverleihstationen, eine so gut wie die andere → S. 55

● *Shoppen bis zum Schlafengehen*
Singapurer lieben das Einkaufen – oder das „Window-Shopping". Bummeln Sie aber nicht nur durch die großen Malls. Besuchen Sie auch die kleinen Händler in *Chinatown* entlang der Pagoda Street oder in *Little India* in den Seitenwegen der Serangoon Road → S. 46, 51

● *Blütenpracht*
Singapurs Nationalblume ist die Orchidee (Foto). Hochgestellten Besuchern des Stadtstaats widmet man gern eine eigene Züchtung. Im wunderschönen *Orchideengarten des alten Botanischen Gartens* treffen deutsche Besucher daher auf eine alte Bekannte: *Dendrobium Angela Merkel,* eine violett-mintfarbene Orchidee, an der 2011 die Kanzlerin schnupperte → S. 58

BEST OF ...

SCHÖN, AUCH WENN ES REGNET
Aktivitäten, die Laune machen

● *Heimatgefühle*
In den kühlen Gewächshäusern der *Gardens by the Bay* finden Sie ganze Bäume aus der Heimat. Die Flora unter Glas ist faszinierend vorgestellt; es lohnt sich, hier einen ganzen Regentag zu verbummeln → S. 41

● *Im Regenwald*
Sicher, hier werden Sie nass. Ziehen Sie deshalb nur Flip Flops, kurze Hosen und ein leichtes Oberteil an. Ein Schirm schützt vorm prasselnden Monsun. Dann aber wird das Schlendern durch den alten Regenwald der *Botanic Gardens* zu einem besonderen Tropenabenteuer → S. 57

● *Trocken shoppen*
Auch im dicksten Monsunregen können Sie trockenen Fußes kilometerweit durch die Einkaufszentren ziehen. Ein großer Teil der *Orchard-Road-Malls* ist unterirdisch verbunden. Beginnen Sie in *Wheelock Place*, von wo aus Sie zur Luxusmeile *Ion* (Foto) gehen → S. 72, 75

● *Kunst in voller Blüte*
Das *Art Science Museum* ist Singapurs jüngstes und imposantestes Museum: Für die riesige weiße Lotusblüte vor Marina Bay Sands kaufen die Macher die interessantesten Ausstellungen der Welt ein → S. 39

● *Süße Trostspender*
Schlechtes Wetter – schlechte Laune? Nehmen Sie ein Taxi zum *PS. Café*. So große Tortenstücke gibt's sonst nur in Australien. Sie sitzen trocken unter Tropenbäumen und lauschen den Regentropfen → S. 64

● *Schnee statt Regen*
Wer Schnee dem Regen vorzieht, macht sich nach *Snow City* im Komplex um das *Science Centre* auf: Hier gibt es eine Schneepiste inklusive Skiverleih → S. 115

REGEN

ENTSPANNT ZURÜCKLEHNEN
Durchatmen, genießen und verwöhnen lassen

● *Wie neu geboren*
Zu lange geflogen? Zu viel eingekauft? Im *Beauty Emporium at House* werden sie rundum verwöhnt. Hier gibt es auch interessante Pflegeprodukte → S. 46

● *Sightseeing light*
Egal ob auf den alten Holzbooten des *River Cruise* oder in den rumpelnden Amphibienfahrzeugen von *Duck & Hippo.* So oder so ist es herrlich, über Singapurs Wasserwege geschippert zu werden und die atemberaubende Stadt vom Wasser aus zu betrachten (Foto) → S. 124, 115

● *Stille Teilhaber*
Der Duft von Räucherstäbchen, die Andacht der Gläubigen, all das bringt Sie im *Thian Hock Keng Temple* mitten im größten Großstadttrubel richtig runter. Niemand stört sich hier an Zaungästen → S. 49

● *Romantischer Sundowner*
Die Sonne versinkt hinter den Tropenbäumen im Meer, die Vögel zwitschern den Abend herbei. Und der Kellner in der Außenlounge des *The Knolls* im Luxushotel *Capella* auf Sentosa liest Ihnen jeden Wunsch von den Augen ab → S. 67

● *Fahrrad de luxe*
Natürlich kommen Sie in Singapur mit U-Bahn, Bus oder Taxi gut voran. Mehr Spaß aber macht es, sich ganz bequem in einer Riksha durch die Stadt fahren zu lassen. Sie sind mit den Sinnen mitten im Geschehen, sparen sich aber Fußwege und Gedränge. Viele Fahrer erzählen Ihnen dazu noch Geschichten aus dem alten Singapur → S. 124

● *Hollywood im Liegen*
So schön wie im *Golden Village* im Einkaufszentrum *Vivo City* ist Kino sonst nur auf dem heimischen Sofa: Sie können es sich in Liegesesseln herrlich gemütlich machen und sogar noch ein Abendessen dazu bestellen. Auf den Kinoleinwänden der Einkaufsmeile direkt am Wasser laufen die Blockbuster aus Hollywood → S. 57

11

AUFTAKT

ENTDECKEN SIE SINGAPUR!

Asien für Anfänger? *Steriler Häuserhaufen* ohne Gesicht, ohne Seele gar? Wohl kaum eine Stadt in Südostasien ist so klischeebehaftet wie die 5-Mio.-Menschen-Metropole Singapur. Jeder meint das kleine *Tropeneiland* am Zipfel des südostasiatischen Festlands – 42 km lang, maximal 23 km breit – zu kennen: Die meisten Besucher denken an Marathon-Einkaufstouren auf der Orchard Road. Oder an den berühmten Cocktail *Singapore Sling*, ein Relikt aus längst vergangener Zeit, als die Stadt britische Kronkolonie war. Und kein Besucher, der nicht über die *fine city*, die schöne Stadt der Strafen, witzeln würde.

Ganz abwegig sind die Klischees natürlich nicht. Die Stadt ist insofern *„Asia light"*, als sie es Europäern leicht macht, sich schnell wohl zu fühlen. Singapur hat sich in den vergangenen Jahren ein weiteres Mal *gehäutet*. Aus der Stadt, die sich mit eiserner Disziplin von der verlotterten Hafenstadt über die Kolonialmetropole zum Zentrum Südostasiens hocharbeitete, ist eine *Weltstadt* geworden. Trotzdem kann, wer auch nur ein bisschen Englisch spricht, Singapur problemlos auf eigene Faust erkunden. Er wird essen und trinken können, wo und wonach ihm der Sinn steht. Er wird *sicher* sein in jeder Ecke der Stadt. Und er wird überall auf *freundliche Passan-*

Bild: Gardens by the Bay

ten treffen, die ihm weiterhelfen und – nicht ohne Stolz – die Heimat erklären. Kein Wunder, dass gut 15 Mio. Besucher alljährlich in das Tropenparadies kommen, allein fast 300 000 davon aus Deutschland. Sie genießen den zuvorkommenden Service in den Hotels, schwelgen im kolonialen Flair und geben sich dem *supermodernen Luxus* dieser Stadt hin: Von 10–22 Uhr klingeln in Singapur sieben Tage die Woche die Kassen der Shoppingmalls.

> **Traditionen aus China, Indien und Malaysia bestimmen den Alltag**

Wer es aber bei Erfahrungen im Einkaufsparadies belässt, nimmt einen reichlich oberflächlichen Eindruck mit nach Hause, wird Singapur nicht gerecht. Denn tatsächlich ist die *Vielvölkerstadt* mit ihren 74 Prozent Chinesen, 13 Prozent Malaien und neun Prozent Indern sehr wohl auch eine echte asiatische Metropole. *Tolerant* leben Buddhisten, Moslems, Hindus und Christen nebeneinander. *Zwei Feiertage* wurden aus *jeder Religion* bestimmt, die jeweils inselweit gelten. Deshalb – und weil es den Umsatz hebt – feiern hier Hindus Weihnachten, Christen das Chinesische Neujahrsfest und Muslime das hinduistische Deepavali. Beim Bummel durch Stadtteile wie *Chinatown* oder *Little India* schauen Sie hinter die modern-westlichen Fassaden der Metropole, die Singapur auf den ersten Blick zu prägen scheinen. Der Alltag wird heute noch von den Traditionen der jeweiligen Heimatländer bestimmt. In leuchtend *bunten Saris* erledigen Frauen in Little India ihre Einkäufe, in Chinatown sind meist ältere Frauen im bequemen China-Look unterwegs, in pyjamaähnlichen Blusen-Hosen-Kombinationen. Entzückend sehen die malaiischen Kinder aus, wenn sie fein gemacht auf dem Weg in die Moschee sind.

Dass Singapur auch eine echte asiatische Metropole ist, zeigt sich in Vierteln wie Chinatown

AUFTAKT

Die Mühen eines Spaziergangs im drückend heißen Tropenklima werden mit faszinierenden Eindrücken aus anderen Welten belohnt: Lassen Sie die Atmosphäre in einem der *Hindutempel* auf sich wirken, schauen Sie nicht nur kurz hinein. Gern wird man Ihnen die *fremden Gottheiten* erklären; sind Sie freitags unterwegs, kann es passieren, dass Sie zu einer Mahlzeit eingeladen werden. Beim Bummel durch Chinatown steigt Ihnen nicht nur in den chinesischen Tempeln, sondern auch an vielen Ecken des Viertels der Duft von *Räucherstäbchen* in die Nase: Auf kleinen Altärchen sind die duftenden Essenzen in bunte Früchte gesteckt.

Singapur entwickelt sich *so schnell* wie kaum eine andere Stadt der Welt. *Hochhäuser* und modernste Einkaufsmeilen wachsen hier *im Monatsrhythmus* aus dem Boden. Der Rentner im Feinrippunterhemd und die Geschäftsfrau im edlen Kostüm treffen sich mittags beim *hawker stall* um die Ecke: Die Liebe zum Essen vereint sie alle – Junge wie Alte, Reiche wie Arme, Chinesen, Malaien und Inder.

Singapur ist ein internationales Finanz- und Wirtschaftszentrum und versteht sich völlig zu Recht als *hub*, als *Dreh- und Angelpunkt der Region*, von dem aus nicht nur die unmittelbaren Nachbarn Indonesien und Malaysia profitieren, sondern Südostasien insgesamt. Mehr als zwei Drittel aller Waren, die Europa nach Südostasien schickt, werden über Singapurs *imposanten Containerhafen* in die umliegenden Länder verschifft. Auch ist Singapur ein Hafen der Stabilität in einer fragilen Region. Die Regierungspartei People's Action Party (PAP) lenkt, begleitet von staatstreuen Medien, eine Regierung, die so lange

> **Die Liebe zum Essen vereint alle Singapurer**

behütend ist, wie niemand den Konsens in Frage stellt. Die Partei des so autokratischen wie charismatischen Staatsgründers Lee Kuan Yew mit ihrem *Quasi-Monopol* auf Posten, Karrieren und Einfluss macht es jeder Opposition schwer. Doch hat 2011 ein bemerkenswerter *Öffnungsprozess* eingesetzt: Bei den Wahlen verlor die PAP spürbar an Einfluss, die Kandidaten der Opposition lehrten sie das Fürchten. Die inzwischen gut ausgebildeten und weit gereisten Singapurer kritisierten die Autokratie genauso wie jene, die unter den ständig steigenden Preisen der Luxusmetropole litten. Zeitgleich erkannte die Regierung, dass der Arabische Frühling mit seinen Aufstandbewegungen zum Nachahmen zumindest in Nachbarländern wie Malaysia verleiten könnte. Jeder Schritt der Regierung Singapurs wird inzwischen flächendeckend von **Blogs von Kritikern** und Oppositionellen begleitet. Die PAP wagte die Wende nach vorn: Die Gehälter der Minister und des Premiers wurden um rund ein Drittel gesenkt, bleiben aber hoch. Die Preissteigerung wird über den steigenden Wert des Singapur Dollars bekämpft – was die Stadt als Reiseland für Europäer teurer macht. Der Zuzug ausländischer Arbeitskräfte wurde massiv eingedämmt – Singapurer kommen an erster Stelle. Und sie sollen **immer besser ausgebildet** werden, um ihnen auch in Zukunft Jobs zu garantieren. Singapurs für ihre Effektivität berühmte Wirtschaftsförderungsbehörde Economic Development Board will den Stadtstaat zu einer Art „Kontrollturm" für Asien heranwachsen lassen: Hier sollen die Manager der ausländischen Konzerne sitzen, die zu günstigeren Kosten in den Nachbarländern arbeiten lassen, hier sollen Forschungs- und Entwicklungszentren ihren Platz finden, hier sollen **Spitzenuniversitäten** Studenten der Region zu Managern formen.

> **Der Stadtstaat soll zum „Kontrollturm" für Asien heranwachsen**

Trotz dieser spürbaren Öffnung herrscht nicht die gleiche Freiheit wie in Europa: Gewerkschaften sind zu Regierungsinstrumenten umfunktioniert, **Medien werden zensiert**, es gibt keine Versammlungsfreiheit. Dennoch: Die Mehrheit der Bevölkerung ist mit ihrer Regierung **zufrieden**, auch wenn die Kluft zwischen Arm und Reich wächst. Die Arbeitslosenzahlen halten sich auch bei Wirtschaftsflaute in relativ engen Grenzen, es gibt einen gut ausgebildeten Mittelstand, ein **soziales Netz** und einen egalitären, **sozialen Wohnungsbau**. Zudem wird der Inselstaat von allen umliegenden Ländern um sein **hervorragendes Gesundheitssystem** beneidet. Die Kriminalitätsrate ist niedrig, das subjektive Sicherheitsgefühl viel größer als in anderen Großstädten. Das macht den Aufenthalt so angenehm – nicht nur für Besucher, die zum ersten Mal in Asien unterwegs sind.

Singa Pura, **Löwenstadt**, taufte ihr Entdecker, der indische Prinz Nila Utama, Ende des 13. Jhs. dieses Küstendorf, nachdem ihm ein imposantes Wesen im dichten Tropenwald erschienen war, das er für einen Löwen hielt. „Singa" ist das Sanskrit-Wort für Löwe. Dank der günstigen geografischen Lage an der Malakka-Seestraße entwickelte sich der Flecken durch siamesische, indische, javanische und malaiische Kaufleute zu einem kleinen Handelsstützpunkt.

Der Brite **Sir Thomas Stamford Raffles**, der im Januar 1819 dort landete, erkannte die strategische Bedeutung des Orts, dessen etwa 300 Einwohner zum Sultanat von Johor an der Südspitze Malaysias gehörten. Raffles akquirierte die Insel für die britische **East India Company** und legte so den Grundstein für Singapurs Zukunft. In knapp 50 Jahren rodeten indische Sträflinge den malariaverseuchten Dschungel, bauten Straßen und Kanäle. Chinesische Kulis schleppten Elfenbein und Gewürze, Tee, Seide, Edelhölzer und Opium, später auch Zinn und Kautschuk von den Schiffen in die Lagerhäuser. 1911 lebten schon 250 000 Menschen in Singapur; sie gehörten 48 Ethnien an. Die meisten kamen aus dem Süden Chinas, viele aus Indonesien, Malaysia und Indien.

AUFTAKT

Halb Fisch, halb Löwe und ganz in Weiß spuckt der Merlion majestätisch in die Marina Bay

Für die britischen Kolonialherren war Singapur ein äußerst wichtiger und angeblich auch bestens *befestigter Stützpunkt* – von der Seeseite her *uneinnehmbar* für jeden Angreifer. Doch die Japaner, die während des Zweiten Weltkriegs Asien unter ihre Kontrolle zu bringen versuchten, benutzten bei ihrem *Eroberungszug* – Fahrräder! Sie radelten die Malaiische Halbinsel hinunter und eroberten das von dieser Seite ungeschützte Singapur am 15. Februar 1942. Die folgenden dreieinhalb Jahre bis zur Kapitulation am 21. August 1945 herrschten die *japanischen Streitkräfte* mit äußerster Brutalität auf der Insel. Danach kamen die Briten zurück, Singapur wurde *Kronkolonie*. Zum Wahrzeichen der Stadt erkor man das Fabeltier, das Prinz Nila Utama einst zu sehen glaubte: Merlion heißt es – und trägt ein Löwenhaupt über dem Fischschwanz.

> **Die Eroberer kamen mit dem Fahrrad**

Als Standbild grüßt der *Merlion* heute die Besucher auf Sentosa, an der *Marina Bay* und in den Andenkenläden. Schon die Fahrt vom Flugplatz in die Stadt verspricht, was Singapur hält: Palmen wiegen sich im Wind, links blitzt das Meer auf, jede Brücke ist mit Bougainvilleen bepflanzt. Besucher sind überrascht und begeistert von der gepflegten, *blumengeschmückten Großstadt*, in der es sich so gut leben lässt. Sie bietet ständig Neues: Hier wird das erste Nachtrennen der Formel 1 ausgetragen, zwei Kasinos und der Freizeitpark von Universal locken Besucher, und 2015 eröffnete das weltweit größte Museum für südostasiatische Kunst.

IM TREND

1 Schön gemacht

Designstadt Singapur ist zu einer Keimzelle für pfiffiges asiatisches Design geworden. Angeschoben wird vieles in der Designhochschule *Lasalle College of the Arts (McNally Street | www.lasalle.edu.sg)*. Am interessantesten aber ist der neue „Schaukasten" der Singapurer Jungdesigner; städtisch gefördert und mitten an der Orchard Road gelegen: Von Parfüm über Geschirr, Schmuck bis Mode bietet *Keepers (tgl. 11–22 Uhr | Orchard Road/Cairnhill | www.keepers.com. sg | MRT NS 23 Somerset)* ein großes Sortiment liebevoll und oft witzig gestalteter Waren, die es sonst nirgends gibt.

2 Bubbles and Heels

Frauen an die Gläser Mittwoch ist der Tag des gar nicht schwachen Geschlechts. Dann ist in Singapur *Ladies Night*. Die meisten Bars und Diskos bieten Frauen kostenlose Drinks bei freiem Eintritt, nur die Männer müssen zahlen. Das Stichwort lautet „Bubbles and Heels" – Champagner und hohe Hacken. Uhrzeiten und Orte auf Veranstaltungssites wie *www.citynomads. com* oder *www.timeout.com/singapore*

3 Schnupper-Sport

Sport skurril Haben Sie sich schon mal *Speedminton* gespielt? Oder an einem *Prosperity Run*, der Sie zu Wohlstand führen soll, teilgenommen? Würden Sie gern einmal im Drachenboot paddeln? Dies und mehr können Sie im neuen ● *Sports Hub Singapur (2 Stadium Walk)* ausprobieren. Der Stadionkomplex bietet Freizeitsportlern jede Menge Schnupperkurse, meist am Samstagmorgen. Gerade asiatische Sportarten können Sie so in zwei Stunden testen, mit guten Trainern und dabei kostenlos. Vorher anmelden unter *short.travel/sin14*

In Singapur gibt es viel Neues zu entdecken. Das Spannendste auf diesen Seiten

Kochen mit Knackis

Wiedereingliederung Jamie Oliver hat in seiner Heimat britische Jugendliche von der Straße geholt und zu Köchen ausgebildet. In Singapur, dem Stadtstaat mit den harschen Strafen, hat es sich Benny Se Teo zur Lebensaufgabe gemacht, ehemalige Straftäter wieder einzugliedern – als Köche. Acht Lokale betreiben die Exknackis von *Eighteen Chefs (z. B. 2 Handy Road | #B1–19/20 | The Cathay | www.eighteenchefs.com)* hier inzwischen schon. Doch sie wollen in ganz Asien, eines Tages vielleicht auch rund um die Erde mit ihrem Konzept wachsen. Das Essen ist lecker, frisch gekocht und preiswert. Und wer sich Zeit nimmt, erfährt bewegende Geschichte aus dem Leben derjenigen, die sonst hinter der Glitzerfassade Singapurs gänzlich verschwinden.

Hängende Gärten

Urbanes Grün Die Stadt – ein Häusermeer. So will Singapur nicht daherkommen. Deshalb lässt sich die Metropole ganz bewusst überwuchern. Immer mehr Fassaden werden mit hängenden Gärten komplett begrünt. In Forschungsinstituten wird der vertikale Anbau von Gemüse getestet, um bald schon die Stadt und ihre Einwohner von Importen unabhängiger zu machen. Wasserkanäle werden renaturiert wie im *Bishan-Ang Mo Kio Park* nördlich der City, den deutsche Landschaftsarchitekten zur Begeisterung der Bürger geschaffen haben. Solche Parks entstehen in Singapur derzeit im Halbjahresrhythmus. Auch mitten im Zentrum gibt es schöne Beispiele für das neue Fassadengrün, etwa das *Parkroyal on Pickering*. Weitere Grünanlagen unter *short.travel/sin16*

Bild: Im Einkaufszentrum Marina Bay Sands

FAKTEN, MENSCHEN & NEWS

ABKÜRZUNGEN

Mit der MRT vom HDB in die Stadt, statt auf dem verstopften PIE im Stau zu stehen und dann noch am ERP bezahlen zu müssen? Wer jetzt nur noch Bahnhof versteht, braucht einen Schnellkurs im Singapore-Speak, der vor Abkürzungen nur so wimmelt. Sie lassen sich im Alltag schnell lernen, doch kommen immer neue hinzu. Zur Auflösung: MRT ist der Mass Rapid Transit, die U- und Schnellbahn. HDB steht für Housing Development Board, das staatliche Wohnungen verkauft. Es steht aber auch als Synonym für die Hochhaustürme in den Satellitenstädten. PIE ist der Pan Island Expressway, eine der Singapurer Autobahnen. Und ERP bezeichnet das Electronic Road Pricing – ein Mautsystem, bei der die Gebühr für Straßen und viele Parkhäuser von einer Chipkarte im Auto abgelesen wird. Die Brücken, etwa über der Orchard Road, an der die Lesegeräte befestigt sind, sind nicht zu übersehen.

ESSEN

Ohne Essen geht nichts, in Singapur gilt das noch viel mehr als sonst wo auf der Welt. Allein die Menge der Möglichkeiten auswärts zu essen und die Vielfalt der Küchen sind schier unüberschaubar. Von den *hawkern,* den Garküchen, auf den überall in der Stadt und meist in Dachgeschossen oder Kellern der Einkaufspaläste angesiedelten Essmärkten bis zu den Fünf-Sterne-Köchen im Kasino-Komplex Marina Bay Sands bleibt hier kein Teller leer. Und die Qualität? Profes-

Fengshui, Kiasu und die Liebe zur Mall: Von den fünf Cs, der Sprache Singlish und dem Leben im vollklimatisierten Wunderland

sor Tommy Koh, früherer Botschafter Singapurs, dem die Entwicklung seiner Stadt zur Lebensaufgabe geworden ist, nimmt den Mund voll: „Ich würde behaupten, dass unser Char Kway Teow (Nudeltopf mit Reisnudeln, mit Wachs eingeriebenen, glänzenden Würstchen und Fischpaste) und unsere Laksa (Nudelsuppe) besser als jedes Nudelgericht der Welt sind. Ich kenne keinen westlichen Salat, der es mit unserem chinesischen Rojak (malaysischer Frucht- und Gemüsesalat) aufnehmen könnte. Und ich denke, dass unsere Roti Prata (indische Pfannkuchen), mit Chicken Curry gegessen, wenn sie heiß und luftig sind, jede Pizza schlagen, die ich jemals gegessen habe." Er könnte recht haben.

FENGSHUI

Aufs richtige Fengshui kommt es auch in Singapur an. Fengshui (übersetzt „Wind und Wasser") ist die chinesische Kunst der Geomantik, des Erkennens guter und schlechter Einflüsse, die von der Umgebung eines Hauses ausgehen und sich auf Gesundheit und Geschäftserfolg auswirken. Harmonie heißt das Zauberwort, und so werden die Ausrichtung eines Gebäudes, die Lage der Fenster und Türen genau festgelegt. Fengshui-Spaziergänge bieten mehrere Agenturen an. Infos gibt es beim Singapore Tourism Board. Dies empfiehlt auch einen *Feng Shui Walk* (short.travel/sin12) auf Sentosa.

do (Abkürzung von Condominium, das bezeichnet eine noble Wohnanlage mit Schwimmbad), *Club* (mehrere Tausend Dollar teure Mitgliedschaft, je exklusiver, desto besser) und *Car* (Auto, ist wegen der hohen Einfuhrzölle etwa dreimal so teuer wie in Deutschland).

Grüner geht's immer: Singapurs schöner alter Botanischer Garten hat einen Bruder bekommen

FÜNF CS

Bei allem Stolz auf das Erreichte schaut Staatsgründer Lee Kuan Yew manchmal erschrocken auf sein Volk: Stets hat er die Singapurer angetrieben, Geld zu verdienen und Geschäfte zu machen – mithin Singapur zu dem zu machen, was es heute ist. Die Kehrseite des Erfolgs: Zwischenmenschliche Beziehungen gehen verloren, wenn nur das Bankkonto und der berufliche Erfolg zählen. Dafür stehen die fünf Cs, die jeder in Singapur anstrebt: *Career* (Karriere), *Creditcard* (Kreditkarte), *Con-*

GARDEN CITY

Einer reicht nicht: Zwar besitzt der Stadtstaat längst einen Botanischen Garten, der neuerdings sogar Weltkulturerbe-Status genießt. Doch zusätzlich hat Singapur einen zweiten, riesigen Botanischen Garten gebaut auf Land, das dem Meer abgerungen wurde. Und weil die Regierung des Finanzzentrums am Äquator erstens reich und zweitens schlau ist, lässt sie sich den neuen Garten rund eine Milliarde Singapur Dollar kosten. Gemeinsam mit dem Ausbau des alten Botanischen Gartens hat der Kleinstaat damit in nur wenigen Jahren trotz der Wirtschaftskrise gut 1,5 Mrd. Singapur Dollar in Grünanlagen investiert. Tropen-

FAKTEN, MENSCHEN & NEWS

häuser braucht es hier nicht: Mit deutscher Hilfe wurden für die *Gardens by the Bay* Gewächshäuser entwickelt, in denen bei niedrigeren Temperaturen Pflanzen aus dem Norden wachsen. Die Tropeninsel will sich von einer „Gartenstadt" zu einer „Stadt im Garten" entwickeln. Im letzten Vierteljahrhundert wuchs der Anteil der Grünflächen von etwa einem Drittel auf nun die Hälfte der Stadtfläche. 101 ha misst Gardens by the Bay, die halbe Größe Monacos.

Gute Luft ist nicht unbedingt das Hauptmotiv für die massive Begrünung Singapurs: Man rechnet hier gern. So wird auch der Wert von Grünanlagen und Wasser berechnet. Und dabei kommt heraus, dass die Immobilienpreise rund um die Grünflächen deutlich steigen. Dies ist das beste Argument, die Gartenstadt weiter zuwachsen zu lassen. Inzwischen ist Singapur ohne Zweifel Asiens grünste Stadt, wohl auch eine der grünsten der Welt. Wenn Sie aus einem der Hochhäuser auf die Stadt blicken, sehen sie die Straßen als grüne Achsen. Hochhäuser werden vertikal bepflanzt, Dutzende Reservate und Parks auch als Wassersammelstellen genutzt. Das macht Singapur sympathisch, lebenswert und damit attraktiv für wohlhabende Neubürger. Wer einmal in seinem Leben in Manila oder Mumbai war, weiß Singapurs grüne Seiten zu schätzen. Zumal sie rasch wachsen. Bis Ende 2030 sollen laut Regierung 80 Prozent aller Gebäude in der Stadt „grün" sein – was immer das auch heißt. Dagegen aber steht ein unheimlicher Verbrauch an Energie, um die Häuser auf oft nur 19 Grad herunterzukühlen. Gerade die Masse älterer Privathäuser und Wohntürme verfügt über Fenster, die kaum schließen und dünne Wände. Über sie gehen unendliche Mengen an Kühle verloren, und Singapurs Energierechnung steigt.

KAFFEE

Das kleine Kaffee-Alphabet lernen Sie in Singapur: Kaffee heißt hier Kopi und wird mit Milch serviert. Kopi-O ist schwarz, mit Zucker. Kopi-C bietet Zucker und Milch, Kopi-peng wird mit Milch, Zucker und Eis serviert.

KAMPAGNEN

Ohne staatliche Kampagnen geht nichts. Legendär die Sauberkeitsaktionen der 1970er-Jahre, als neben jeder öffentlichen Toilette jemand positioniert war, der die Benutzer fragte, ob er die Spülung betätigt habe. Derzeit ermuntert die Regierung ihr Volk, unternehmerisch zu handeln. Nach nun 50 Jahren, in denen der Staat alles regelte, sind Eigeninitiative und Kreativität gefragt.

KUNST

Zum neuen Singapur gehört auch die Kunst. Die *Biennale* ist inzwischen zu einer festen Größe geworden. An ihr nehmen auch zahlreiche ausländische Künstler teil, die den oft entlegenen Orten der Stadt mit ihren Skulpturen und Installationen neues Leben einhauchen. Alljährlich im Januar öffnet die Kunstmesse *Art Stage* ihre Tore: Als ein Ableger der berühmten Art Basel zeigt sie über drei Tage alles, was Asien an Kunst zu bieten hat. Um den Sektor weiter anzuheizen und der Stadt somit ein noch interessanteres Image zu verleihen, weist Singapur seit Ende 2012 ein eigenes Galerienviertel aus. 20 meist asiatische Kunsthändler sitzen in den alten Kolonialgebäuden der früheren britischen Kaserne *Gillman Barracks*, hinzu kommen Ateliers, ein Forschungszentrum, Cafés und Veranstaltungsräume. Die alteingesessenen Künstler Singapurs allerdings kritisieren, diese Art der Ansiedlung von Kunst sei künstlich. Interessant für die Besucher der Stadt ist sie gleichwohl.

MALL-MANIA

Ihre Einkaufszentren, Shopping-malls genannt, lieben die Singapurer. Weil der Inselstaat so gut wie kein Hinterland hat, sind die Freizeitmöglichkeiten begrenzt. Zwar gibt es Sportarenen, Naturparks und unzählige Angebote, die Freizeit sinnvoll zu verbringen – doch alle Appelle sind vergebens: Die meisten Singapurer zieht es in ihrer freien Zeit in die Einkaufszentren. Die sind täglich geöffnet, meist von 10 bis 22 Uhr. Am Wochenende kann es eine Qual sein, sich auf der Orchard Road zu bewegen. Während der Woche sieht man Schulkinder, die auf den Fluren oder noch lieber in Fastfood-Restaurants ihre Hausaufgaben machen – weil es so schön kühl ist und nicht alle HDB-Wohnungen mit einer Klimaanlage ausgerüstet sind.

OPPOSITION

Sie wird lauter und selbstbewusster. Bei der letzten Wahl zum Parlament in Singapur schnitt die Opposition viel besser ab, als die alteingesessene Regierungspartei gehofft hatte. Sogar der weltweit anerkannte Außenminister verlor seinen Sitz und damit sein Amt. Seitdem hat die Regierung den Hebel umgelegt und versucht, den Stadtstaat weiter zu öffnen. Er soll transparenter werden, menschlicher, nicht nur für die Reichen da sein.

So erklärt sich, dass plötzlich die Chefin der U-Bahn-Linien ihren Hut nehmen musste, weil die Züge ein paar Mal nicht fuhren – früher hätte man so etwas ausgesessen, nun herrscht Angst, dass das Volk zürnt. Und so begründet sich auch, warum der Ministerpräsident, mit früher 3,07 Mio. Singapur Dollar Jahresgehalt der höchstbezahlte der Welt, nun nur noch 2,2 Mio. bekommt – damit allerdings immer noch der am besten bezahlte Regierungschef bleibt.

REICHTUM

Singapurs Bevölkerung von rund 5,4 Mio. Menschen zählte Ende 2013 rund 105 000 Millionäre, gerechnet in amerikanischen Dollar. Bis 2016 soll ihre Zahl auf mehr als 400 000 steigen, schätzt die Bank Credit Suisse. Reich sind viele vor allem geworden, weil die Immobilienpreise über Jahrzehnte ständig gestiegen sind. Kein Wunder, dass sich heute besonders nachts Ferraris und Lamborghinis der Kinder der Reichen röhrend Straßenrennen liefern. Doch nicht jeder wurde reich: Das durchschnittliche Monatseinkommen der oberen zehn Prozent der Bevölkerung stieg zwischen 2000 und 2010 um satte 58 Prozent, das Durchschnittswachstum aller lag immer noch bei 48 Prozent, getrieben von den Gutverdienern. Das Einkommen des untersten Zehntels der Menschen hingegen stagnierte fast bei einem Plus von zehn Prozent in der Dekade.

SHOPHOUSES

In Little India, in Chinatown, an der Arab Street und am Boat Quay stehen sie noch – die traditionellen Shophouses. Kurz bevor die letzten Häuser der frühen Einwanderer dem Erdboden gleichgemacht wurden, besann sich die Regierung. Heute beherbergen die meisten Shophouses kleinere Geschäfte oder Kneipen. Doch es gibt noch Familien, die so leben, wie es einst üblich war: Das untere Geschoss wird als Lager- oder Verkaufsraum, das obere als Wohnraum genutzt.

SINGLISH

Praktisch alle Singapurer sprechen zwei, viele oft drei oder vier Sprachen. Denn in der Schule ist die Verkehrssprache Englisch Pflicht, hinzu kommt die Sprache der Eltern – Mandarin, Tamil oder Malay. Ein richtiger Singapurer

24   www.marcopolo.de/singapur

FAKTEN, MENSCHEN & NEWS

aber spricht vor allem Singlish: Ein Dialekt, der das Englische mit meist chinesischen Wortfetzen mischt. Berühmt ist die angehängte Silbe *lah,* etwa in okaylah? Wichtig ist *kiasu.* Das Wort aus dem Hokkien-Chinesisch bezeichnet die „Angst vor dem Verlieren" – eine Eigenschaft, die sich die Singapurer selbst zuschreiben. Das führt einerseits etwa zum Drängeln beim Ausverkauf, andererseits aber nimmt es ihnen den Mut, Neues zu wagen. Also drängt das offizielle Singapur darauf, dass die Singapurer ihr *kiasu* ablegen.

ZOCKEN

Nicht nur Chinesen lieben das Glücksspiel, aber sie lieben es ganz besonders. Singapur, wo das Glücksspiel gegen Geld immer verboten war, hat die Kehrtwende vollzogen. Gleich zwei neue Kasinos gibt es hier: das Marina Bay Sands und das Kasino in der Resort World Sentosa. Für Ausländer ist der Eintritt frei. Singapurer müssen 100 Singapur Dollar Eintritt zahlen, und sollen so von der Spielsucht abgehalten werden. Gespielt wird trotzdem: Der Spielumsatz der beiden Kasinokomplexe, etwas verschämt als „Integrated Resorts" tituliert, lag 2014 bei etwa 5,5 Mrd. Singapur Dollar und damit in etwa so hoch wie der von Las Vegas. Alteingesessene Singapurer aber mögen die Spielhöllen ganz und gar nicht. Sie fürchten, damit kämen auch leichte Mädchen und schwere Jungs in die Stadt. Die Liebe zum Spiel und die Suche nach Profit geht so weit, dass die Singapurer Straits Times darüber berichtete, wie Arbeitgeber ihre Angestellten, ausgestattet mit Tausenden von Dollar, während der Arbeit ins Kasino schicken, um dort Geld für sie zu gewinnen. Den Arbeitern gefällt's: Sie sitzen in einem klimatisierten Gebäude statt in der Tropenhitze und zehn Prozent des Gewinns streichen sie ein. Bei größeren Verlusten aber haften sie mit ihrem Monatslohn.

Unten shoppen, oben „housen": So schön sieht die chinesische Variante vom „Kaufhaus" aus

SEHENSWERTES

CITY WOHIN ZUERST?
Raffles-Denkmal (140 B2)
(*J4*): Starten Sie dort, wo die Stadt zu leben begann: Am Denkmal von Sir Stamford Raffles, an der Mündung des Singapore River im alten Kolonialviertel. Nord-Süd- wie Ost-West-Linie der U-Bahn halten hier. Sie blicken auf das Bankenviertel, vor Ihnen liegen das Asian Civilisations Museum und rechts das Fullerton Hotel. Auf der anderen Seite des Flusses tauchen Sie in die Straßen Chinatowns ein. Weiter den Fluss hinunter erreichen Sie die Marina Bay mit Singapurs neuem Wahrzeichen, dem Marina-Bay-Sands-Komplex.

Ob beim Stadtspaziergang zwischen den Wolkenkratzern im Central Business District oder entlang der kleinen Shophouses in den Vierteln Chinatown und Little India oder bei der Erkundung der vielen Parks und Gärten – die Regel Nummer eins lautet immer und überall: Gehen Sie langsam durch die Stadt.

Und packen Sie sich Ihr persönliches Sightseeing-Programm auf keinen Fall zu voll. Denn in dem tropischen Stadtstaat ist schon ein kurzer Spaziergang wegen der heißen Temperaturen von zumeist über 30 Grad und des feucht-schwülen Klimas sehr anstrengend. Wenn Sie ausreichend Pausen einlegen und viel Mineralwasser trinken, kommen Sie mit der hohen Luftfeuchtigkeit sehr viel besser zurecht.

Ursprüngliches Leben in Chinatown und Little India – und ein paar Straßen weiter rast die Metropole der Zukunft entgegen

Die Stadt lässt sich wunderbar zu Fuß entdecken. Die Viertel Chinatown, Little India und Arab Street hat Sir Stamford Raffles, der Gründungsvater Singapurs, einst angelegt – er hielt es für sinnvoll, die Ethnien zu trennen. Heute lächelt die multikulturelle Gesellschaft der Stadt darüber, denn in Little India sind so viele chinesische Geschäftsleute zu finden wie indische Schneider in Chinatown – aber dennoch: Bei Spaziergängen durch diese Viertel ist der ursprüngliche Charakter der Stadtteile noch zu spüren.

Nehmen Sie sich Zeit für einen geruhsamen Bummel rund um die *Serangoon Road* in Little India, lassen Sie sich von den freundlichen Händlern ihre exotischen Waren erklären. Im Thian-Hock-Keng-Tempel in Chinatown zeigt man Ihnen, wie mit Hilfe von Schüttelstäbchen ein Blick in die Zukunft möglich ist. Beim Bummel entlang des Flusses und in Richtung des Kulturtempels Esplanade bekommen Sie einen zarten Eindruck vom alten kolonialen Glanz der Metropole. Das moderne Singapur lässt sich

Die Karte zeigt die Einteilung der interessantesten Stadtviertel. Bei jedem Viertel finden Sie eine Detailkarte, in der alle beschriebenen Sehenswürdigkeiten mit einer Nummer verzeichnet sind

auf der Orchard Road, im Central Business District und in dem neu entstandenen Viertel Marina Bay entdecken. 2010 öffneten die beiden Kasinos mit ihren riesigen Hotels und der Freizeitpark der Universal Studios auf der Freizeitinsel Sentosa ihre Pforten. Sie haben mehr als 10 Mrd. Dollar gekostet. Hinzukamen ein neues Gericht, eine riesige Stadtbibliothek, die Singapore Management University im Herzen der Stadt eröffnet und der Umbau des National Museums abgeschlossen. Das Highlight aber sind der neue Botanische Garten Gardens by the Bay und der Marina-Bay-Sands-Komplex. Beim Stadtbummel kann man sich in den klimatisierten Einkaufszentren prima erholen und beim Essen pausieren.

Die blitzblanken, kühlen Züge der U-Bahn MRT bieten sich nicht nur für die Ziele in der Innenstadt, sondern auch für Ausflüge in die Satellitenstädte an. Dort, in Pasir Ris, in Sembawang oder in Boon Lay, wo endlose Reihen Hochhäuser in den Himmel gewachsen sind, finden Sie Singapurs *heartland*, wie die Inselbewohner ihre Heimat fern der Innenstadt nennen. Überdachte Gehwege führen in die Hochhausanlagen, die meist von kleinen Geschäften umringt sind. Die Märkte für frische Waren sind im Keller untergebracht, der Boden ist nass, deshalb werden sie *wet markets* genannt.

Die Kunst ist noch ein junges Kapitel in der Geschichte der Stadt. Doch die Regierung hat den Nachholbedarf erkannt.

SEHENSWERTES

2015 eröffnete das weltgrößte Museum für südostasiatische Kunst, die National Gallery Singapore. Für sie wurden das frühere Gericht und das Rathaus entkernt und zusammengeführt. Die früheren Kasernen Gillman Barracks wurden zum Galerienviertel umgewandelt. Ausstellungen und Auktionen runden das Bild ab. In den *Esplanade Theatres on the Bay* werden neben Konzerten und Theateraufführungen auch Wechselausstellungen gezeigt. Das wunderbar renovierte Victoria Theatre und seine Konzerthalle bereichern das Kulturangebot.

Die Stadt bemüht sich, einen Bogen zu spannen zwischen asiatischer und westlicher Kultur. Alle ethnischen Gruppen sollen angesprochen werden. Das ist nicht so einfach. Da die Singapurer Nachfahren von Zuwanderern aus kulturell sehr verschiedenen Ländern sind, fällt es ihnen schwer, ihre Kulturgüter gegenseitig zu würdigen. Doch während bei indischen Tanzdarbietungen und Pekingopern die jeweiligen Volksgruppen noch immer unter sich bleiben, locken Straßentheatergruppen, inzwischen auf der Orchard Road zugelassen, ein gemischtes Publikum an. Trotz des Ziels, eine eigene Singapurer Kunstwelt aufzubauen, bleibt es im Vielvölkerstaat dennoch wichtig, auch das kulturelle Erbe seiner chinesischen, malaiischen und indischen Bewohner zu konservieren; Infos über sämtliche Aktivitäten finden Sie auf *www.yoursingapore.com*.

Singapur besitzt knapp 140 größere Kirchen, Moscheen und Tempel. Daneben gibt es viele Dutzend kleinere Gebetsstätten. Alle stehen zur Besichtigung offen. Vor dem Betreten von Moscheen und Tempeln müssen Sie Ihre Schuhe ausziehen, und besonders in islamischen Gotteshäusern wird von Frauen dezente Klei-

---

MARCO POLO HIGHLIGHTS

⭐ **Asian Civilisations Museum**
Die ganze Region auf dem Präsentierteller → S. 32

⭐ **National Gallery Singapore**
Das weltweit größte Museum für südostasiatische Kunst der Moderne → S. 34

⭐ **Orchard Road**
Einkaufsmeile der Superlative → S. 35

⭐ **Raffles Hotel**
Die Institution unter Singapurs Hotels → S. 36

⭐ **Gardens by the Bay**
Singapurs neues grünes Wahrzeichen. Für viele der schönste Park Asiens → S. 40

⭐ **Marina Bay Sands**
Luxus bis die Augen schmerzen → S. 42

⭐ **Chinatown**
Renovierte Shophouses und der Clarke Quay für Nachtschwärmer → S. 46

⭐ **Sri Mariamman Temple**
Ein buntes, hinduistisches Gotteshaus → S. 48

⭐ **Thian Hock Keng Temple**
Glitzerndes Schmuckstück → S. 49

⭐ **Little India**
Zwischen Göttern und Gewürzen → S. 51

⭐ **Resort World Sentosa**
Für Kinder ein Muss: der Freizeitpark Universal Studios → S. 54

⭐ **Singapore Zoological Gardens, Nightsafari & Riversafari**
Tiere bei Tag und Nacht in riesigen Freigehegen → S. 60

KOLONIALVIERTEL

dung erwartet. Die Hauptgebetshallen der Moscheen sind Männern vorbehalten. In den Tempeln folgen Sie am besten den Einheimischen. Sie dürfen an allem teilnehmen, können Räucherstäbchen kaufen und in die Gefäße vor den Altären stecken oder sich dem Rundgang der Gläubigen (immer links herum gehen!) anschließen. Hinterlassen Sie eine kleine Spende, denn die Gotteshäuser leben davon. *Die Gebetshäuser sind meist tagsüber geöffnet*

KOLONIAL-VIERTEL

Der Stadtkern Singapurs ist entlang seiner früheren Lebensader gewachsen, dem Singapore River. An seinen Ufern liegen die schönsten restaurierten Kolonialgebäude, hier steht natürlich auch die Statue des Stadtgründers Sir Stamford Raffles.

In den Bankentürmen am gegenüberliegenden Ufer verdient Singapur heute sein Geld. Im Kolonialviertel, eingebettet zwischen Chinatown, Little India und den zentralen Geschäftsbezirken, befinden sich die schönsten Museen, die großen Hotels, die prunkvollsten Geschäfte. Hier stehen die Baudenkmäler aus den Zeiten der britischen Kolonialherrschaft. Aber die Stadtväter beweisen Mut, Neu und Alt miteinander zu verbinden: Das alte Rathaus, in dem die Japaner die Kapitulation unterzeichneten und das dahinter liegende alte Gerichtsgebäude sind nun ein Museum der Superlative für südostasiatische Kunst. Der Neubau des Gerichts erhielt eine Kuppel von Stararchitekt Sir Norman Foster. Und mitten im Zentrum setzte die Stadt ein Zeichen für ihre Zukunft: Hier hat Singapur den grünen Campus seiner Management-Universität angelegt. Gegenüber steht das imposante Gebäude der Kunsthochschule SOTA mit seinen hängenden Gärten.

■ ARMENIAN CHURCH
(140 B1) (J4)

Mit dem Bau dieser Kirche lieferte der Architekt Georg Coleman 1835 sein Meisterstück ab. Doch die Gemeinde war nicht so ganz glücklich mit der Kuppel über dem Kirchenschiff: Im Jahr 1850 wurde stattdessen ein spitzer Kirchturm aufgepflanzt, der mit dem Portikus allerdings nicht so recht harmoniert. Viele Mitglieder der einst großen armenischen Gemeinde, Flüchtlinge aus der Türkei, wurden im Friedhof hinter der Kirche beigesetzt. Kirche und Friedhof wurden zum Nationaldenkmal erklärt. *60 Hill Street | MRT EW 13, NS 25 City Hall | MRT CC 2 Bras Basah, dann Bus 197*

Gut gemacht: Stadtgründer Sir Raffles

SEHENSWERTES

SEHENSWERTES IM KOLONIALVIERTEL

- 1 Armenian Church
- 2 The Arts House
- 3 Asian Civilisations Museum
- 4 Cathedral of the Good Shepherd
- 5 Chettiars' Temple
- 6 Chijmes
- 7 Fort Canning Park
- 8 Fullerton Hotel
- 9 Istana
- 10 Kwan Im Tong H. Che Temple
- 11 Maghain Aboth Synagogue
- 12 National Gallery Singapore
- 13 National Library
- 14 National Museum of Singapore
- 15 Orchard Road
- Fußgängerzone
- 16 Raffles Hotel
- 17 Raffles Place
- 18 Singapore Art Museum
- 19 Singapore Management University
- 20 Sri Krishnan Temple
- 21 St Andrew's Cathedral
- 22 Victoria Theatre & Concert Hall

2 THE ARTS HOUSE (140 B2) (*J4*)
Das weiße Gebäude im Herzen der Stadt am Singapore River blickt auf eine wechselvolle Geschichte zurück: 1829 vom irischen Architekten George Coleman als Kaufmannshaus gebaut, wurde es später zum Gericht umgewidmet. Dann zog das Parlament ein. Auch als Symbol für den angestrebten Wandel Singapurs zur Kunstmetropole ist es zu verstehen, dass das ehemalige Old Parliament House 2004 in *The Arts House* umgetauft und als Galerie und Veranstaltungszentrum mit Restaurant wieder eröffnet wurde. Zuvor war das Parlament des Stadtstaats einige Hundert Meter weiter den Fluss hinauf in einen Neubau umgezogen. *1 Old Parliament Lane/Ecke High Street | MRT EW 13, NS 25 City Hall | www.theartshouse.com.sg*

31

KOLONIALVIERTEL

🔳3 ASIAN CIVILISATIONS MUSEUM ⭐
(140 B2–3) (*ଘ J4*)

Dieses Museum ist gleich auf zwei Häuser aufgeteilt. Das Haupthaus gegenüber dem Boat Quay konzentriert sich auf die Darstellung der Kulturen Südostasiens, Chinas, Südasiens und des Islam. Schon das 135 Jahre alte Gebäude ist ein Schmuckstück, bis 2003 saßen hier Regierungsbeamte.

Im *Peranakan Museum* (140 B1) (*ଘ J3*) *(tgl. 10–19, Fr bis 21 Uhr | Eintritt 6 S$ | 39 Armenian Street | MRT EW 13, NS 25 City Hall | www.peranakanmuseum.org. sg)* an der Armenian Street können Besucher die Welt der *Peranakan* erleben. Sie sind Nachkommen der frühen chinesischen Einwanderer nach Malaysia und Singapur. Die Siedler heirateten Frauen aus Malaysia, übernahmen sogar Ei-

genarten der britischen Kolonialherren, und so entstand eine ganz einzigartige, ganz neue Mischkultur. Ein kleiner Film führt in das Thema ein, bevor die weitläufige Ausstellung in dem wunderschönen, 1910 als Schulhaus erbauten Gebäude entdeckt werden kann. *Tgl. 10–19, Fr bis 21 Uhr, tgl. geführte Touren auch auf Deutsch | Eintritt frei | 1 Empress Place | gegenüber dem Fullerton Hotel | MRT EW 14, NS 26 Raffles Place | www.acm.org.sg*

🔳4 CATHEDRAL OF THE GOOD SHEPHERD (140 B1) (*ଘ J3*)

Der Grundstein zu Singapurs Bischofssitz wurde 1843 gelegt. Seine klaren Linien entwarf der damals prominente Baumeister J. T. Thomson. *Queen Street | MRT EW 13, NS 25 City Hall | MRT CC 2 Bras Basah*

🔳5 CHETTIARS' TEMPLE (SRI THENDAYUTHAPANI TEMPLE)
(139 F1) (*ଘ H3*)

Ein 1850 an dieser Stelle erbauter Tempel musste 1984 dem jetzigen Gebäude Platz machen. Das Dach des Gebäudes ist so konstruiert, dass Morgen- und Abendsonne durch 48 verzierte Glasscheiben auf Innenhof und Altäre fallen können. Die *Chettiar*, Bauherren des Tempels, waren die traditionellen Geldwechsler, deren Vorfahren aus dem südindischen Madras kamen. Der Tempel ist Schauplatz der Hindu-Feste Thaipusam und Navarathri. *15 Tank Road | MRT CC 1, NE 6, NS 24 Dhoby Ghaut, dann Bus 64*

🔳6 CHIJMES (140 C1) (*ଘ J3*)

Bevor Sie sich die Zunge brechen: Der Name dieser Klosteranlage wird *Tschaims* ausgesprochen. Der englische Ordensname lautet „Convent of the Sisters of the Holy Infant Jesus" und wird zu CHIJ abgekürzt, davon leitet sich Chijmes her. Die Gebäude sind die eigentlichen Mu-

---

LOW BUDG€T

Wagen Sie sich auf die 🌿 *Skybridge (tgl. 9–21 Uhr)* des 50. Stockwerks der *Pinnacle@Duxton* (139 E–F5) (*ଘ H6*), einer Vorzeigeanlage für soziales Wohnen im Herzen Chinatowns. Von hier oben bekommen Sie für 5 $S auf Ihrer Ez-Link-Card einen grandiosen Ausblick über die Stadt. Eintrittsprozedere unter *www.pinnacleduxton.com.sg*

Romantisch und kostenlos ist das abendliche Schlendern unter den alten Bäumen vom Asian Civilisation Museum über die Cavenagh Bridge zum hell erleuchteten Fullerton Hotel. Auf der anderen Seite des Singapore River geht es laut zu, aber hier haben Sie nach Einbruch der Dunkelheit den schönen Weg fast für sich.

---

www.marcopolo.de/singapur

SEHENSWERTES

seumsstücke und beherbergen Galerien, Restaurants, Cafés und Boutiquen. *Tgl. 8–24 Uhr (Läden tgl. 11–22 Uhr) | Eintritt frei | 30 Victoria Street/Bras Basah Road | MRT CC 2 Bras Basah | MRT EW 13, NS 25 City Hall*

7 FORT CANNING PARK ☘
(140 A–B 1–2) (*H–J 3–4*)
Nur fünf Minuten von der Orchard Road entfernt können Sie durchatmen. Der schöne Fort-Canning-Hügel bietet einen tiefen Einblick in Singapurs Geschichte wie auch moderne Kultur. Hier finden alljährlich das Musikfestival *Womad* und mehrmals im Jahr das *Ballet under the Stars* statt. Der Hügel ist der älteste Herrschaftssitz der Insel, auf der schon vor 600 Jahren Menschen lebten: Hier liegt der *Keramat*, in dem der Sultan Iskandar Shah beigesetzt sein soll. Der Gründer Singapurs, Sir Stamford Raffles, errichtete hier oben sein erstes Haus, das inzwischen nachgebaut wurde. Auch finden sich auf dem Hügel einige Grabmale früher Siedler. Auf einem von ihnen entdecken Sie auch den Namen George Coleman. Er ist der Architekt des alten Parlamentsgebäudes und der Armenischen Kirche.

Oberhalb des Keramat liegt der Kolonialbau *Fort Canning Centre* mit der *Pinacothèque de Paris (So–Do 10–19.30, Fr/Sa 10–20.30 Uhr | www.pinacotheque.com.sg)*. Sie können hier auch an einem informativen Rundgang teilnehmen – quer durch den verwunschenen Gewürzgarten *(Heritage trail mit Spicegarden (www.nparks.gov.sg)* des ehemaligen Botanischen Gartens, der hier lag.

Auf der anderen Seite des grünen Hügels steht das *Hotel Fort Canning* mit dem angeschlossenen *The Legends Fort Canning Park*. Dieser private Club mit einigen öffentlichen Restaurants residiert in einem historischen Gebäude von 1926. Hier lag einst das britische Oberkommando für die Halbinsel Malaya. *MRT CC 1, NE 6, NS 24 Dhoby Ghaut, dann etwa 10 Min. Fußweg*

Im Fort Canning Park fanden Sultane und Siedler ihre letzte Ruhe unter alten Bäumen

33

KOLONIALVIERTEL

8 FULLERTON HOTEL
(140 C3) (ᗰ J5)

Das Grandhotel macht kein Geheimnis daraus, dass seine Renovierung 400 Mio. US-Dollar gekostet hat. Singapurer und Touristen lieben es, auf der Terrasse zu sitzen und auf den Fluss zu schauen. An der strategisch günstigen Stelle wurde 1829 ein Fort gebaut und nach dem ersten Gouverneur Sir Robert Fullerton benannt. 1928 entstand das Fullerton-Gebäude als Hauptpostamt. *1 Fullerton Square | MRT EW 14, NS 26 Raffles Place*

9 ISTANA (134 A4) (ᗰ H1)

Die Istana – malaiisch für Palast – war früher die Residenz des Repräsentanten der britischen Krone und ist heute der offizielle Wohnsitz des Präsidenten von Singapur. Das prachtvolle Gebäude inmitten einer riesigen Parkanlage (der Eingang liegt an der Orchard Road) bekommen normale Singapurer und Touristen nur fünfmal im Jahr zu sehen: am 1. Januar und am 1. Mai sowie am chinesischen Neujahrstag, an *Hari Raya Puasa* und *Deepavali. Orchard Road | MRT CC 1, NE 6, NS 24 Dhoby Ghaut*

10 INSIDER TIPP KWAN IM TONG HOOD CHE TEMPLE
(135 D5) (ᗰ J2)

Zwar kann es dieser moderne buddhistische Tempel, was die Innenausstattung angeht, kaum mit anderen aufnehmen – dennoch bekommen Besucher einiges zu sehen: Gläubige, die ihre Einkaufstüten rasch absetzen, um nach Bündeln mit Räucherstäbchen zu greifen, die sie andächtig zwischen den Händen halten. Vor den Buddhastatuen knien oder setzen sich die Betenden nieder. Viele versuchen, mit sogenannten Schüttelstäbchen einen Blick in die Zukunft zu werfen. Im Tempel ist fotografieren streng verboten. *178 Waterloo Street | MRT EW 12 Bugis*

11 MAGHAIN ABOTH SYNAGOGUE
(134 C6) (ᗰ J3)

Vor über 100 Jahren legten arabische Juden den Grundstein zu diesem Gotteshaus. Es ist damit Sitz der ältesten jüdischen Gemeinde Südostasiens. Ihre Mitglieder kamen überwiegend aus Bagdad und nach der kommunistischen Machtübernahme aus China. *24/26 Waterloo Street | MRT CC 1, NE 6, NS 24 Dhoby Ghaut*

12 NATIONAL GALLERY SINGAPORE ★ (140 B2) (ᗰ J4)

Ein weiteres Highlight der Umwandlung von Kolonialgebäuden in moderne Architektur. Für mehr als eine halbe Milliarde Dollar entkernte der Stadtstaat sein ehemaliges Bürgermeisteramt und das höchste Gericht. Miteinander verbunden bieten sie nun 60 000 historische Quadratmeter, um rund 800 Werke aus der über Jahrzehnte zusammengetragenen Sammlung von gut 8000 Arbeiten moderner südostasiatischer Kunst zu zeigen. Der Clou: Die historischen Sitzungssäle und Büros wurden erhalten. Die goldene Überdachung des Eingangstors zieht sich bis über die Dachterrasse hin. *Öffnungszeiten und Eintrittspreise standen bei Redaktionsschluss noch nicht fest | 1 Saint Andrew's Road | www.nationalgallery. sg | MRT EW 13, NS 25 City Hall*

13 NATIONAL LIBRARY
(135 D6) (ᗰ J–K3)

Der Neubau der Nationalbibliothek ist weit mehr als nur ein Turm der Bücher. Mit 1,9 Mio. Menschen ist ein großer Teil der Singapurer Mitglied der Bücherei. Rund 3 Mio. Bücher in Chinesisch, Malay, Tamil und Englisch werden hier vorgehalten. Interessant aber sind nicht nur das Gebäude und ein Ausblick von den oberen Geschossen auf die Stadt, sondern auch die vielfältigen Veranstal-

34   www.marcopolo.de/singapur

SEHENSWERTES

Shopping-Superlativ: Auf der Orchard Road sind Läden und Malls die Sehenswürdigkeiten

tungen, die hier geboten werden. *Tgl. 10–21 Uhr außer feiertags | 100 Victoria Street | www.nl.sg | MRT EW 12 Bugis, dann Bus 851*

14 NATIONAL MUSEUM OF SINGAPORE (134 C6) (*J3*)

Singapurs größtes und ältestes Museum wurde 2006 nach einer umfassenden Renovierung wieder eröffnet. Hinter seiner imposant-kolonialen Fassade zeigt es auf fast 20 000 m² in hochmodernen Räumen sowohl Wanderausstellungen internationalen Formats als auch Rückblicke auf die Singapurer Geschichte – etwa über Mode oder Essen im Stadtstaat. Architektonischer Höhepunkt ist die Glaskuppel mit einem Durchmesser von 24 m, die nachts erleuchtet wird. *Tgl. 10–18 Uhr | Eintritt 6 S$ | 93 Stamford Road | www.nationalmuseum.sg | MRT CC 2 Bras Basah | MRT CC 1, NE 6, NS 24 Dhoby Ghaut*

15 ORCHARD ROAD ★
(133 D–F 4–5) (*E–H 1–3*)

Singapurs „Champs-Élysées" lässt keine Wünsche mehr offen: Die Einkaufsmeile Orchard Road hat alles, was die Welt zu bieten hat. An manchen Samstagabenden wird die Orchard Road für den Autoverkehr gesperrt – dann drängen sich hier Hunderttausende. Zum Shoppingparadies zählen auch die *Tanglin Road,* in die die Orchard Road übergeht, und die die Haupteinkaufsstraße kreuzende *Scotts Road.* Im *Tanglin Shopping Centre,* der zweitältesten Einkaufsmeile der Stadt, sitzen einige teure Antiquitätengalerien. Glanzstück der Orchard Road ist das *ION Orchard,* an der Kreuzung zur Scotts Road. 335 Geschäfte drängen sich hier auf gut 59 000 m². Kunden haben die Wahl zwischen Adidas und Yves Saint-Laurent, zwischen italienischem Milcheis und Ice Kachang – gefrorenem Wasser mit Sirup. Bei den Singapurern

35

KOLONIALVIERTEL

besonders beliebt ist das *313@Somerset,* das auf acht Stockwerken Geschäfte wie Zara oder Uniqlo bietet. Hinzu kommen hervorragende *food courts* im Dachgeschoss. Zusammen mit *Orchard Central* (Desigual, Dean & Deluca) und *Orchard Gateway* bildet das 313@Somerset einen riesigen Shopping-Komplex.

Vielfalt bietet auch *Ngee Ann City* mit dem japanischen Kaufhaus *Takashimaya.* Auf der Verkaufsfläche im Keller gibt es immer wieder wechselnde Schnäppchenmärkte, etwa für Spielzeug oder Sportartikel.

Im gegenüberliegenden *The Paragon* finden Sie eher elegante Mode, wie etwa von Banana Republic oder das japanische Muji. Magnet für junge Leute ist das szenige *The Cathay* am unteren Ende der Orchard Road. Im umgebauten *The Heeren* sitzt der edle Ableger des Traditionskaufhauses Robinsons mit Marken wie Shinola aus Detroit. Die großen Malls haben täglich von 10 bis 22 Uhr geöffnet. *MRT NS 22 Orchard, NS 23 Somerset*

16 RAFFLES HOTEL ⭐
(140 C1) (*K3*)

Die „Große Alte Dame des Ostens" ist dem Jungbrunnen entstiegen, die Legende lebendig wie nie zuvor. Sie begann, als 1887 drei armenische Brüder namens Sarkies einen Bungalow direkt an der Strandpromenade mieteten und zu einem Hotel umwandelten. Die Sarkies, die ihre Herberge nach Sir Stamford Raffles benannten, bauten um und an, bis das Raffles zum ersten Haus am Platz wurde. Kaiser, Könige und Präsidenten, Regierungschefs und Stars wohnten im Raffles, in der *Writers Bar* trafen sich Schriftsteller und Journalisten aus aller Welt, schlürften den dort erfundenen *Singapore Sling*, einen Cocktail auf Ginbasis mit exotischen Säften und gewaltiger Wirkung. Doch dann unterbrach der Zweite Weltkrieg die Karriere des Hotels, das zu einem Quartier für die japanischen Besatzer wurde. Nach Kriegsende konnte das Raffles noch einmal an die glanzvollen alten Zeiten anknüpfen, aber

FREILUFTKUNST

Salvador Dalí, Henry Moore, Roy Lichtenstein und Fernando Botero sind die international wohl bekanntesten Künstler, deren Werke sich in Singapur unter freiem Himmel finden. Dazu kommen Dutzende Skulpturen asiatischer Bildhauer, die in der Stadt aufgestellt wurden. Dalís *Hommage to Newton* und Boteros *Bird* lassen sich leicht beim Bummel entlang des Singapur-Flusses erspähen, der gewaltige Vogel Boteros hockt imposant am Quay. Dort finden sich auch Bronzefiguren, wie die Kinder, die in den Fluss springen, von dem berühmten Singapurer Künstler Chong Fah Cheong, die das alte und neue Leben in der Stadt widerspiegeln sollen. Roy Lichtensteins gigantische Pinselstriche *Six Brushstrokes* bereichern ein Hochhaus im Geschäftsviertel Suntec City. Dort lockt auch die *Fountain of Wealth*, angeblich größter Brunnen der Welt, den Calvin Tsao und Zack Mckown geschaffen haben. Vor allem Werke asiatischer Künstler sind im Geschäftsviertel Vivo City am Hafen zu entdecken: Das Zentrum übernahm einige Skulpturen, die in Singapur zur ersten Biennale zu sehen waren. Ein Faltblatt des Tourismusbüros empfiehlt Kunstspaziergänge.

SEHENSWERTES

Wo die Banken noch in den Himmel wachsen: Finanzzentrum Raffles Place

in den 1980er-Jahren lebte es schließlich nur noch von seinem alten Ruf. Doch anstatt es abzureißen, sanierte Singapur sein Prachtstück. In strahlendem Weiß stellte sich 1991 das neue alte Haus den Gästen vor.

Schreiten Sie über den Kies der Auffahrt zum kunstvoll geschmiedeten Eisenportikus, werfen Sie einen Blick in die riesige Hotelhalle, schauen Sie in der Writers Bar nach Spuren von Somerset Maugham, Hermann Hesse oder Noel Coward. Der Allgemeinheit zugänglich sind auch die hübschen Innenhöfe, der tropische Garten, sechs Restaurants, mehrere Dutzend hochklassiger Geschäfte, ein Theater und ein Ballsaal. *Im Hotel sind Sandalen, Shorts und Hemdchen unerwünscht | 1 Beach Road | MRT CC 2 Bras Basah*

17 RAFFLES PLACE (140 B3) (*J5*)

Das Herz der Finanzmetropole Singapur schlägt rund um den Raffles Place. Das Kernstück des Central Business District ist umringt von den Hochhaustürmen der Banken. Wer den Ausgang B der U-Bahnstation wählt, entdeckt zu seiner Linken das Caltex House. Weiter links liegt die im Stil der klassischen Moderne erbaute Bank of China. Heute wirkt sie mit ihren gerade mal 18 Stockwerken klein – die riesige Maybank rechts daneben scheint sie zu erdrücken. Neben der ausladenden Standard Chartered Bank ist die United Overseas Bank zu sehen. Ihre beiden Türme erinnern an aufeinander gestapelte Münzen. Hier, mitten im Finanzzentrum, hat auch die Deutsche Botschaft ihren Sitz: Ihre Büros liegen im zwölften Stock des Singapore Landtower. *MRT EW 14, NS 26 Raffles Place*

18 SINGAPORE ART MUSEUM ●
(134 C6) (*J3*)

Das Gebäude der früheren St Joseph's Institution – der ersten katholischen Schule

37

KOLONIALVIERTEL

Singapurs – ist aufwendig renoviert worden und dient nun als Nationalgalerie. Insgesamt 5500 Exponate umfasst die permanente Sammlung, die den Schwerpunkt auf zeitgenössische Kunst aus Südostasien legt. *Tgl. 10–19, Fr bis 21 Uhr | Eintritt 10 S$, Fr ab 18 Uhr Eintritt frei | 71 Bras Basah Road | MRT CC 2 Bras Basah* geschoss besuchen. *81 Victoria Street | www.smu.edu.sg | MRT CC 2 Bras Basah*

20 INSIDER TIPP SRI KRISHNAN TEMPLE (135 D5) (*J2*)

Dieser hinduistische Tempel bezaubert besonders durch seine Farbigkeit. Zeremonien werden im Alltagstrubel abge-

Den Göttern Blumen bringen und kurz innehalten mitten im Alltag: Hindutempel Sri Krishnan

19 SINGAPORE MANAGEMENT UNIVERSITY (134 C6) (*J3*)

Dieser Bau ist keine Universität, sondern ein Bekenntnis – ein Bekenntnis der Stadt zu ihrer selbst gewählten Zukunft als Wissenschaftsstandort. Immerhin entstand der Bau der SMU genau im Stadtkern, zwischen historischen Gebäuden. Die dritte Universität der Fünf-Millionen-Stadt ist streng nach amerikanischen Vorbildern ausgerichtet und zieht Studenten aus der ganzen Welt an. Wer etwas vom jungen Singapur und seinem Lerneifer mitbekommen will, sollte sich ohne Scheu einmal auf den offenen Campus wagen oder die Passagen im Tief-

halten, nicht selten spielt Musik auf. Die verschiedenen Götter, meist Shiva, Vishnu und Brahma, dargestellt in Vergangenheit, Gegenwart und Zukunft, sind mit frischen Blumen geschmückt. Kurios ist, dass viele Buddhisten aus dem benachbarten *Kwan Im Tong Hood Che Temple* vorbeischauen und auch den Hindu-Göttern einen Besuch abstatten. *152 Waterloo Street | MRT EW 12 Bugis*

21 ST ANDREW'S CATHEDRAL (140 B–C1) (*J4*)

Die anglikanische Kirche wurde 1862 von indischen Sträflingen im neugotischen Stil erbaut. Das auffallende Weiß der

SEHENSWERTES

Fassade und des Turms beruht auf einer einzigartigen Mischung namens Madras Churam, die für den Verputz verwendet wurde: Muscheln, Eiweiß und Kokosnussfasern wurden eingerührt. *11 St Andrew's Road | MRT EW 13, NS 25 City Hall*

22 VICTORIA THEATRE AND CONCERT HALL 🅦 (140 B2) (⌖ J4)

Singapurs traditionelle *Victoria Konzerthalle* wurde 2014 mit viel Geld und Aufwand restauriert. Die Fassaden blieben stehen, im Innern wurde modernste Akustik installiert. Das Uhrwerk im Glockenturm restaurierte dasselbe britische Unternehmen, das es Anfang des 20. Jhs. konstruiert hatte. Aus den alten Stühlen wurde eine Decke in der Bar gebaut, Elemente ihrer Armlehnen wurden für den Schallschutz verwendet. Damit werden die beiden Säle auch zum Musterbeispiel für den neuen Ansatz Singapurs, Altes zu bewahren und behutsam an die Moderne anzupassen. *Tgl. 10–21 Uhr | 11 Empress Place | short.travel/sin18 | MRT EW 13, NS 25 City Hall*

MARINA BAY

Eine von Singapurs Eigenheiten ist es, sich immer wieder neu zu erfinden. Nur auf diese Weise meint die Regierung, bleibe der winzige Stadtstaat „relevant". Das Wahrzeichen für die Neugeburt ist der Bezirk rund um die Marina Bay.

Früher lag hier die Mündung des Singapore River; heute ist die künstlich angelegte Bucht das größte Süßwasserreservoir der Stadt, die sich von der Wasserversorgung aus dem Nachbarland Malaysia unabhängig gemacht hat. Zudem ist der See ein Paradies für Wassersportler – hier werden Motorbootrennen und Segelregatten ausgetragen, gibt es

Wasserspiele und Schiffsparaden. Vor allem aber ist Marina Bay der Ort der Stadt, der Touristen auf nur wenigen Metern unglaublich viel bietet. Das junge Viertel liegt nur einen Katzensprung vom Business District, den Straßen rund um den Shenton Way, und der Promenade des Boat Quay entfernt. Marina Bay ist zu Fuß vom Kolonialviertel aus zu erreichen. Auch das Geschäftsviertel *Suntec City* nördlich der Bucht zählt dazu. Diese als Stadt in der Stadt konzipierte Einkaufsmeile ist von fünf Bürotürmen (Nummer fünf ist kleiner als die anderen) umstellt.

Bestimmt wird Marina Bay aber von den drei gigantischen Türmen des *Marina Bay Sands Hotel*, kurz MBS. Das Turmtrio wird in 200 m Höhe überspannt von einer riesigen Dachterrasse, deren Spitze für Besucher geöffnet ist. Von hier oben sehen Sie bis auf die indonesische Insel Sumatra und nach Malaysia hinüber. Inzwischen dürfte das MBS zum meist fotografierten Gebäude Singapurs, wenn nicht Südostasiens avanciert sein.

Unter den Türmen liegen das mondäne Kasino, die „Louis-Vuitton-Insel", außerdem Tagungszentren und Restaurants. Gleich daneben liegt der neu geschaffene botanische Garten, *Gardens by the Bay*. Gegenüber lockt das Riesenrad, der *Singapore Flyer.* Das neue Stadtviertel entsteht auf neuem Land, das dem Meer abgerungen wurde.

1 ART SCIENCE MUSEUM 🔴 (141 D3) (⌖ K5)

Wie eine gigantische Lotusblüte wirkt der futuristische Bau von außen, innen formt die Architektur spannende Räume. Die besten Ausstellungen der Welt werden hier geboten – von der Da-Vinci-Retrospektive bis zur Rückschau auf den Untergang der Titanic. *Tgl. 10–19 Uhr | Eintritt 15–25 S$ je nach Ausstellung, Kombipreis*

MARINA BAY

für alle Ausstellungen 28 S\$, Fr Familientag: 2 Kinder frei auf ein Erwachsenenticket | 10 Bayfront Av. | Tickethotline Tel. 66 88 88 26 | www.marinabaysands.com | MRT CE 2, NS 27 Marina Bay | MRT CC 4 Promenade | MRT CE 1 DT

2 ESPLANADE (140 C2) (*M K4*)

Am nördlichen Rand der Marina Bay residiert die Esplanade, Singapurs Konzerthallen-Komplex, der ein Theater mit 2000 Plätzen, einen Konzertsaal für 1600 Zuschauer sowie eine Shoppingmall beherbergt. Schon die Architektur zwingt zur Polarisierung: Während die Fans des Gebäudes angetan sind von der Optik, lästern böse Zungen über das Design des Glasdachs mit seiner stachelartigen Schutzkonstruktion. Davon leitet sich auch der Spitzname der Esplanade ab: *Durian* wird sie genannt, weil sie der pickeligen Schale der Lieblingsfrucht der Südostasiaten ähnelt. Die schmeckt zwar köstlich, riecht aber so streng, dass ihr Verzehr in Bus und Bahn verboten ist. *1 Raffles Av. | www.esplanade.com | MRT EW 14, NS 26 Raffles Place | MRT EW 13, NS 25 City Hall | MRT CC 3 Esplanade*

3 GARDENS BY THE BAY ★ ●
(141 E–F 2–4) (*M L–M 4–6*)

Im Sommer 2012 eröffnete der zweite große botanische Garten der Tropenstadt – gigantisch, wie alles, was hier entsteht. Rund 1 km^2 misst Gardens by the Bay und ist damit halb so groß wie Monaco. Auf drei Landstreifen rund um Marina Bay verteilen sich die Gärten. Allein *Bay South,* der eigentliche neue botanische Garten hinter dem Marina-Bay-Sands-Komplex umfasst 54 ha. Eine Freiluftbühne auf dem Gelände bietet 30 000 Menschen Platz. In 13 Restaurants können Besucher ihren Hunger stillen, eins davon, das *Pollen* im Flower Dome, führt der Londoner Sternekoch Jason

Eins der neuen Wahrzeichen der Marina Bay: Die Lotusblüte des Art Science Museums

SEHENSWERTES

SEHENSWERTES AN DER MARINA BAY

- 1 Art Science Museum
- 2 Esplanade
- 3 Gardens by the Bay
- 4 Marina Bay City Gallery
- 5 Marina Bay Sands
- 6 Merlion Park &

Fußgängerzone
Fullerton Heritage
- 7 Singapore Flyer & Formel 1

Atherton. Die Planer rechnen mit rund 5 Mio. Besuchern jährlich – so viele, wie die Stadt Einwohner zählt. Die Rechnung könnte aufgehen, denn für diese Gärten ist nichts zu exklusiv: So kauften die Gartenarchitekten u. a. in China für gut 30 000 Dollar eine 500 Jahre alte Kamelie. Zwei Kuppelbauten, *Flower Dome* und *Cloud Forest*, beherbergen 🟠 Gewächshäuser, die den Tropenbewohnern Vegetation aus kühleren Regionen der Erde näherbringen. Die hohen künstlichen Tropenbäume aus Stahl sind nützliche Attraktionen: Sie dienen auch als Abluftrohre für die mit Grünabfällen gefütterten Klimaanlagen. Im höchsten dieser *super trees* sitzt das Restaurant *Supertree by Indochine*. Hinter dem Garten liegt das neue Terminal für Kreuzfahrtschiffe. Auf der Seite zur Bucht liegt *Marina Barrage (So–Mo 9–21 Uhr | Eintritt frei | 8 Marina Gardens Drive | www.pub.gov.sg | MRT CE 2 Marina Bay, dann Bus 400)*, das Sperrwehr zum riesigen Wasserreservoir, dessen Hauptgebäude eine schöne ☘ Dachterrasse und ein Bildungszentrum für die Wasserwirtschaft Singapurs bietet. Am Wochenende lassen Chinesen auf der Terrasse 🟢 Drachen steigen. *Tgl. 9–21 Uhr | Eintritt 28 S$ | 18 Marina Gar-*

41

MARINA BAY

Poolen mit Wow-Effekt: Der Skypark auf den drei Türmen des Marina-Bay-Sands-Hotel

dens Drive | www.gardensbythebay.com | MRT DT 16, CE 1 Bayfront | MRT NS 27 Marina Bay

4 MARINA BAY CITY GALLERY
(140141 C–D4) (∅ K6)

In einem Pavillon linker Hand, wenn Sie vom Marins-Bay-Sands-Komplex aufs Wasser schauen, ist das Besucherzentrum der Bucht untergebracht. Hier finden Sie ein großes Modell der gesamten Neustadt, hier beginnen Führungen, hier gibt es Faltblätter mit Empfehlungen für Rundwege wie den *Architecture Trail* um die Bucht.

Wenn Sie eine Erfrischung brauchen, gehen Sie ein paar Meter weiter bis zur Rolltreppe, die in die *Marina Bay Link Mall* führt: Dort gibt es einige Bäckereien und schöne Delis wie *Ichiban Boshi (B2–14/15)* oder *The Soup Spoon (B2–41)*. Di–So 10–20 Uhr | Eintritt frei | 11 Marina Blvd. | www.marina-bay.sg | MRT CE 1, DT 16 Bayfront

5 MARINA BAY SANDS ★
(141 D3–4) (∅ K–L5)

Der riesige Komplex ist eine eigene Stadt mit Hotel, 50 Restaurants, dem 🔵 Kasino, einem Musicaltheater und einer Schlittschuhbahn aus Kunststoff. Überirdisch wird er dominiert vom *MBS Hotel* (www.marinabaysands.com) mit seinen 2560 Zimmern und dem gegenüberliegenden Kongresszentrum. Auf dem Hoteldach liegt der 146 m lange Pool, der aber leider Hotelgästen vorbehalten ist. In nur 19 Sekunden trägt der Expresslift Sie in den 57. Stock zum ☀ *Skypark (Mo–Do 9.30–22, Fr–So 9.30–23 Uhr | Eintritt 23 S$ | Ticketverkauf vor Ort, unter Tel. 66 88 88 26 | www.marinabaysands.com)* auf der Dachterrasse.

Unter der Erde erstrecken sich die Flügel einer Einkaufszone voller Luxusgeschäfte, die an ihrem Ende aber auch einen guten *food court* bietet. Im Keller schippern indonesische Gondolieri Sie auf einem Kanal entlang, der unter einem überdi-

SEHENSWERTES

mensionalen Wassertrichter endet: Bei Tropenregen strömt es hier von oben nur so hinein – ein schönes Schauspiel, das den Zufluss von Reichtum symbolisieren soll. Ebenfalls im Keller erstreckt sich Singapurs größtes Kasino über 650 Spieltische. Für Ausländer ist der Eintritt frei. Einen Besuch lohnt auch der Flagshipstore von Taschenkönig Louis Vuitton auf einer Insel in der Bucht. Der Zugang führt entweder durch eine Unterführung oder über eine Außentreppe. Im zweistöckigen Entertainment-Komplex mit der Disko *Avalon (Mi, Fr–So ab 22 Uhr | Eintritt Mi, Fr, So 30, Sa 35 S$)* und der Lounge *Pangaea (Do–Sa ab 22 Uhr | Eintritt 40 S$)* vergeht die Nacht im Flug. Abends wird die Wasserfront des MBS zur Projektionsfläche für zauberhafte Lichtspiele *(15-minütige Lasershow Wonder Full So–Do jeweils 20, 21.30, Fr/Sa 20, 21.30, 23 Uhr). MRT CE 1 DT 16 Bayfront*

6 MERLION PARK & FULLERTON HERITAGE (140 C3–4) (*Ω J–K 4–5*)

Singa Pura taufte Prinz Nila Utama gegen Ende des 13. Jhs das von ihm entdeckte Fleckchen Erde. Namensgeber ist der Legende nach ein Fabelwesen, das der Prinz im dichten Regenwald erspäht haben will: halb Fisch, halb Löwe. Singapur hat sich den Merlion zum Wahrzeichen gewählt. Die 8,6 m hohe Statue speit am Ende des Restaurantkomplexes One Fullerton ins Wasser. Verwechseln Sie die vielen Fullertons nicht: Neben dem eigentlichen imposanten Hotel im Kolonialviertel ist die gesamte Region nach Robert Fullerton benannt, erster Gouverneur der *Straits Settlements,* der aus Penang, Malakka und Singapur bestehenden Britischen Kolonie. Hinter dem One Fullerton liegt das Fullerton Waterboat House, am Wasser entlang kommen Sie zum neuen Restaurantviertel um das *Fullerton Bay Hotel (www.fullertonbayhotel. com)*, eins der schönsten Luxushotels Singapurs. In der wunderbar restaurierten Ankunftshalle des angrenzenden Clifford Pier liegt heute das Restaurant *The Clifford Pier* mit asiatischen Spezialitäten. Die Dachterrasse *Lantern* des Fullerton Bay Hotels gilt als einer der schönsten Orte der Stadt, um den Abend einzuläuten. Dahinter liegt noch das *Customs House* mit kleineren Restaurants. *MRT EW 14, NS 26 Raffles Place*

7 SINGAPORE FLYER & FORMEL 1 (141 E2) (*Ω L4*)

Wer das Marina-Bay-Sands-Gelände über die Helix-Brücke (141 D2–3) (*Ω L4–5*)

NEULAND

In den vergangenen Jahren hat Singapur dem Meer Land abgerungen – knapp 120 km² sind es bisher: Von 580 km² dehnte sich der Stadtstaat auf 697 km² aus; langfristig sind 760 km² angepeilt. Singapurs moderner Flughafen Changi steht beispielsweise auf gewonnenem Land. Zurzeit wird die Insel Tekong im Nordosten ausgeweitet.

Das Bankenviertel ist ebenso auf aufgeschüttetem Sand gebaut wie die neue Geschäftsstadt, die gerade rund um den Hafen entsteht. Das Land wird durch Aufschüttung von Sand gewonnen – Sand, den das Inselland teuer in Indonesien einkaufen muss. Die frühere Küstenlinie verlief übrigens entlang der Beach Road.

CHINATOWN & SINGAPORE RIVER

Dreht sich extrem gemächlich:
Singapore Flyer

www.singaporeflyer.com | MRT CC 4 Promenade

CHINATOWN & SINGAPORE RIVER

Wer Chinatown als reine Touristenattraktion wahrnimmt, verpasst seine geheimnisvollen Seiten. Nehmen Sie sich Zeit, die versteckten Gassen des Viertels entlang zu spazieren, statt nur die überlaufene Fußgängerzone auf und ab zu gehen.

Besuchen Sie die Tempel, die hier übrigens keineswegs nur chinesischen Ursprungs sind. Besonders schön ist dieses Stadtviertel zu Chinese New Year, das im Januar oder Februar gefeiert wird. Wochen vorher verwandelt sich der ganze Stadtteil in einen Markt der fliegenden Händler, überall leuchten am Abend die roten Laternen.

Hier können Sie gut essen, wenn auch nicht immer zu angemessenen Preisen. Chinatown ist auch der Ort, um Reiseandenken zu kaufen. Wollen Sie sich Tee bei einem chinesischen Händler abwiegen lassen oder die Gerüche getrockneter Seepferdchen und Eidechsen in einer traditionellen Apotheke schnuppern, sind Sie hier richtig. In Chinatown finden Sie interessante Museen über die Geschichte des Viertels und die Zukunft der Stadt. In Bars rund um die Club Street und die Duxton Road wird nach Einbruch der Dunkelheit manche Flasche Champagner entkorkt. Mögen Sie es legerer, schlendern Sie hinüber zum *Singapore River*. Auf der einen Seite bietet er abends Romantik im Schatten alter Bäume vor den wunderschön restaurierten Kolonialbauten. Auf der anderen Seite und

verlässt, erreicht rechter Hand den Singapore Flyer, das Riesenrad, das sich trotz einiger Wirren um seine Finanzierung dreht, als wäre gar nichts gewesen. Auch wenn es nicht so wirkt: Der Singapore Flyer bewegt sich 24 Stunden am Tag, nur eben extrem langsam. Er wurde von einem deutschen Geschäftsmann gebaut, der allerdings gemeinsam mit Banken seine Anleger um ihr Geld gebracht hat. Zwischenzeitlich durfte er nicht aus Singapur ausreisen.

Hinter dem Riesenrad sehen Sie die Gebäude des Boxenstopps der *Formel 1*, deren Grand Prix als erstes Nachtrennen der Welt jeden Herbst in Singapur ausgetragen wird. *Singapore Flyer tgl. 8.30–22.30 Uhr | 30-minütige Fahrt 33 S$, viele Sonderpreise | 30 Raffles Av. |*

SEHENSWERTES

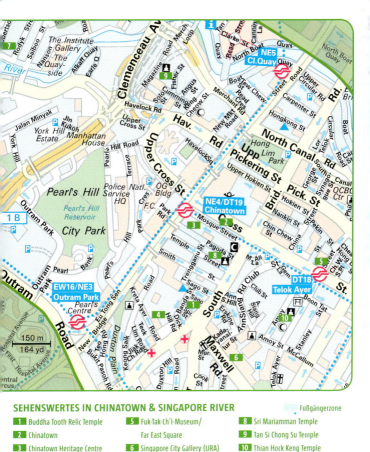

SEHENSWERTES IN CHINATOWN & SINGAPORE RIVER

Fußgängerzone

1 Buddha Tooth Relic Temple
2 Chinatown
3 Chinatown Heritage Centre
4 Chinatown Visitor Centre
5 Fuk-Tak-Ch'I-Museum/Far East Square
6 Singapore City Gallery (URA)
7 Singapore Tyler Print Institute
8 Sri Mariamman Temple
9 Tan Si Chong Su Temple
10 Thian Hock Keng Temple

entlang des Oberlaufs des Flusses sind die besten Kneipen und Bars der Stadt versammelt. Hier, am Clarke Quay, tobt das Nachtleben, hier ist es laut und lustig, hier will man sehen und gesehen werden.

1 BUDDHA TOOTH RELIC TEMPLE
(140 A4) (*M H5*)

In Chinatown gibt es viele alte Tempel – und einen neuen: Mitten im Zentrum entstand der Tempel für den Zahn Buddhas, dessen Architektur die Struktur des Mandala, Sinnbild des buddhistischen Universums, aufnimmt. Doch gleich nach der Einweihung 2007 stellte sich heraus, dass der Zahn wohl eher von einer Kuh stammt. Dabei spendeten Singapurs Bürger mehr als 40 Mio. Dollar und gut 200 kg Gold für den Bau des Tempels. *288 South Bridge Road | www.btrts.org.sg | MRT EW 15 Tanjong Pagar*

CHINATOWN & SINGAPORE RIVER

2 CHINATOWN ⭐ 🔵
(139 E–F 2–5) (*ຝ* H–J 4–6)

Chinatown ist der Ort, an dem Singapur als Handelsplatz seinen Anfang nahm. Die Regierung hat 50 Mio. Euro investiert, um die vom Abriss verschonten Häuser zu restaurieren. Ein Besuch der Straßen zwischen Pickering Street/Church Street im Norden, Telok Ayer Street/Anson Road im Osten, Cantonment Road im Süden und New Bridge Road im Westen lohnt sich – zum einen wegen der erhaltenen Architektur, v. a. aber wegen der typischen Geschäfte und ihrer Besitzer. Die originalen Häuser Chinatowns erinnern an den Luxus einstiger Kaufleute und die Macht der chinesischen Clans. In der Architektur vermischen sich chinesische Elemente mit dorischen und korinthischen Säulen, Italien trug Klassizistisches bei – und was dabei herausgekommen ist, nennt man „chinesischen Barock". *MRT NE 4, DT 19 Chinatown*

3 CHINATOWN HERITAGE CENTRE
(140 A3) (*ຝ* H5)

Im Kern zeichnet dieses Museum das oft harte, aber zugleich auch bunte Leben der Chinesen in Singapur nach, vorgestellt in detailfreudig renovierten, früheren Shophouses. Mit vielen interaktiven Angeboten erklärt es aber zugleich die Geschichte der Auslandschinesen, die Bildung der Clans und auch die jüngste Entwicklung von Chinatown. Ein Muss, um das Singapur der Chinesen zu verstehen. *Zu Redaktionsschluss befand sich das Museum noch im Umbau; neue Öffnungszeiten und Eintrittspreise standen noch nicht fest | 48 Pagoda Street | www.chinatownheritagecenter.sg | MRT NE 4 Chinatown*

4 CHINATOWN VISITOR CENTRE 🌿
(139 E4) (*ຝ* H5)

Entstanden aus einer Initiative von Geschäftsleuten in Chinatown verkauft das Zentrum einzigartige Handarbeiten, die ältere Bürger geschaffen haben. Ein Drittel des Verkaufserlöses geht an die Näherinnen. Eine Ausstellung zeigt das alte Chinatown und seine Geschichten. Hier können Sie auch geführte Touren durch Chinatown buchen (s. S. 124). *Mo–Fr 9–21, Sa/So 9–22 Uhr | 2 Banda Street | am Kreta Ayer Square, direkt neben dem*

ENTSPANNEN & GENIESSEN

Verwöhnen Sie sich so richtig, das Angebot in Singapur ist riesig. Ein Musthave sind lackierte Nägel, gerade wenn Sie gerne Flip-Flops tragen. Schnell und prämiert-professionell, dazu zentral gelegen mit Ausblick auf die Orchard Road ist *Snails Beauty* **(133 D4)** (*ຝ* **F2**) (*501 Orchard Road | #03–01 | Wheelock Place | Tel. 67 38 01 00 | MRT NS 22 Orchard*) – besser geht's kaum. Das 🔴 *Beauty Emporium at House* (*8d Dempsey Road*) **(0)** (*ຝ* **B2**) bietet alles rund um die Schönheit. Das dortige *Spa Esprit* (*tgl. 10–22 Uhr | #02–01 | Tel. 64 75 73 75 | www.spa-esprit.com*) gilt als eins der besten der Stadt. Ein besonders luxuriöses Day Spa ist das *Willow Stream Spa* **(140 C1)** (*ຝ* **J3**) (*Hotel Fairmont Singapore | 80 Bras Basah Road | Tel. 63 39 77 77 | www.willowstream.com | MRT CC 2 Bras Basah*), das z. B. mit der *Shoppers-relief-Massage* auf ganz spezielle Nöte seiner Kundinnen eingeht.

46   www.marcopolo.de/singapur

SEHENSWERTES

Typisch Chinatown: der bunte Mix aus Shophouses, moderner Architektur und alten Symbolen

Buddha Tooth Relic Temple | MRT NE 4 Chinatown

5 INSIDER TIPP FUK-TAK-CH'I-MUSEUM/FAR EAST SQUARE (140 B4) (*J5*)

In Singapurs ältestem Tempel *Fuk-Tak-Ch'i* liegt das kleine Museum, das einen Einblick in das Alltagsleben der ersten chinesischen Einwanderer in Singapur gibt. Das Museum ist Teil des *Far East Square*, eines ehemaligen Wohnviertels zwischen Telok Ayer, Pekin, China und Cross Street. Ein Teil des Viertels wurde Ende der 1990er-Jahre restauriert und mit einem Glasdach überzogen. Sie können in der klimatisierten Gasse bummeln und sich die traditionellen Shophouses ansehen, in Restaurants oder Cafés einkehren, Souvenirs kaufen. In einem Pavillon an der Stelle, wo früher chinesische Straßenopern aufgeführt wurden, finden heute Kulturveranstaltungen statt. *Tgl. 10–22 Uhr | Eintritt frei | 76 Telok Ayer Street/Far East Square | MRT NE 4 Chinatown*

6 INSIDER TIPP SINGAPORE CITY GALLERY (URA) (140 A4–5) (*H6*)

Wer sich für Stadtplanung und -architektur Singapurs interessiert, ist hier richtig: Die zweistöckige Galerie im Gebäude des Stadtplanungsamtes (URA, Urban Redevelopment Authority) in Chinatown zeigt themenbezogene Ausstellungen, etwa über die Restaurierung Little Indias, und besitzt zwei riesige Modelle der Stadt mit Plänen über den Ausbau der kommenden Dekaden. Interaktive Bildschirme und 3-D-Animationen visualisieren das neue Singapur. *Mo–Sa 9–17 Uhr | Eintritt frei | 45 Maxwell Road | www.ura.gov.sg | MRT EW 15 Tanjong Pagar*

7 SINGAPORE TYLER PRINT INSTITUTE (130 A2) (*E4*)

Gedacht als Sinnbild für das neue, kunstinteressierte Singapur hat die Stadt mit großem Aufwand einen Ableger der berühmten New Yorker Druckwerkstatt auf die Tropeninsel geholt. Angestoßen durch den amerikanischen Meister-

CHINATOWN & SINGAPORE RIVER

drucker Kenneth Tyler, zeigt das Institut heute in einer eigenen Galerie moderne Druckgrafik, bietet daneben aber auch Workshops für Arbeiten mit Papier an und besitzt eine eigene Papiermühle. So will es den ganzen Prozess vom Schöpfen des Papiers über die Zusammenarbeit mit Künstlern und den Druck bis zum Verkauf der Grafiken vorführen. Außerdem gibt das Singapapore Tyler Print Institute eine eigene STPI-Printedition heraus, darüber hinaus sind Gastkünstlern Ausstellungen gewidmet. STPI sitzt im Obergeschoss eines restaurierten Hafenspeichers aus dem 19. Jh. *Di–Fr 10–19, Sa 9–18 Uhr | Eintritt frei | 41 Robertson Quay | www.stpi.com.sg | Bus 32, 54, 64, 123, 143, 195 Clarke Quay | MRT NE 5 Clarke Quay, dann Bus 54*

8 SRI MARIAMMAN TEMPLE ★
(140 A4) (*H5*)

Das Hinduheiligtum wurde 1827 gegründet. Der jetzige Steinbau ersetzte 1843 den ursprünglichen Holztempel. Seither wurden immer wieder Erweiterungen und Ausschmückungen vorgenommen. Der Tempel quillt förmlich über von Schnitzereien und Skulpturen. Allein das *Gopuram*, das Eingangstor, ist eine lange Bildergeschichte für sich. Fast täglich werden hier Hochzeiten gefeiert, abends erklingt traditionelle Musik, und zum Thimithifest findet im Innenhof der Feuerlauf statt. *244 South Bridge Road | MRT EW 15 Tanjong Pagar | MRT NE 4, DT 19 Chinatown*

9 TAN SI CHONG SU TEMPLE
(139 E–F2) (*H4*)

Nach Überzeugung von Singapurs Chinesen erfreut sich dieses 1876 fertig gestellte Heiligtum, das auf den Singapore River blickt, des besten *Fengshui* der Stadt. Gebete werden in diesem Tempel daher angeblich besser erhört als irgendwo sonst am Ort. Deshalb sind hier frühmorgens und abends, während der Hauptge-

Sri Mariamman Temple – ein Hinduheiligtum mitten in Chinatown? Ganz normal in Singapur!

SEHENSWERTES

betszeiten, besonders viele Gläubige anzutreffen, und es gibt eine Vielzahl von Ritualen zu erleben, darunter taoistische Liturgie und das Werfen von Orakelhölzchen. *15 Magazine Road | MRT NE 4, DT 19 Chinatown, dann Bus 51*

10 THIAN HOCK KENG TEMPLE ★ ●
(140 A4) (*H5*)

Im Jahr 1842 ließen chinesische Seeleute den Tempel an der damaligen Uferstraße errichten und weihten ihn ihrer Schutzpatronin Mazu. (Heute mag man kaum glauben, dass die Göttin damals noch direkt aufs Meer schaute.) Verwendet wurde Material aus aller Welt: Die Statue der Göttin kommt aus China, die schmiedeeisernen Geländer aus Schottland, die Kacheln aus England und Holland. Dach, Wände und Säulen sind mit Schnitzereien dekoriert. Gläubige entzünden vor den Altären Räucherstäbchen und verbrennen Papier, auf dem Gebete und Gelübde stehen. Die Wahrsager allerdings arbeiten mit Computern. *158 Telok Ayer Street | MRT DT 18 Telok Ayer*

LITTLE INDIA/ARAB STREET/KAMPONG GLAM

Das indische Viertel und seine Seitenstraßen sind Singapurs farbenfrohestes Einkaufsparadies.

In *Little India* bekommen Sie alles, was es auch auf dem Subkontinent gibt – allerdings ohne die dortigen Reiserisiken. Die Stoffhändler von der *Arab Street* bieten Ihnen chinesischen Brokat und thailändische Seiden, die Batiken Indonesiens oder Malaysias, nur den Preis müssen Sie noch selber aushandeln. Im umliegenden *Kampong Glam*, dem Viertel der Muslime, können Sie Parfümöle kaufen oder die prachtvollen Krummdolche, die bis heute für Zeremonien genutzt werden. Das Viertel ist geprägt von der *Sultansmoschee* mit ihrem goldenen Dach. Direkt daneben finden Sie nicht nur die besten muslimischen Restaurants der Stadt, sondern auch das *Malay Heritage Centre* in einem restaurierten Sultanspalast.

Rund um die Moschee entsteht gerade ein weiteres Szeneviertel. Hier sprießen in rasantem Tempo immer wieder Bars und Clubs aus dem Boden, die es sechs Wochen zuvor noch nicht gegeben hat. Beachten Sie, dass die meisten Geschäfte hier nicht nur sonntags, sondern auch ab freitagmittags geschlossen sind. Im Fastenmonat Ramadan öffnen nach Einbruch der Dunkelheit Straßenrestaurants, vor deren Köstlichkeiten sich lange Schlangen bilden.

49

LITTLE INDIA/ARAB STREET/KAMPONG GLAM

SEHENSWERTES IN LITTLE INDIA & ARAB STREET

1. Arab Street
2. Hajjah Fatimah Mosque
3. Indian Heritage Centre
4. Little India
5. Malay Heritage Centre
6. Sultan Mosque

1 ARAB STREET (135 D4–E5) (*M K2*)
Die Araber gehörten zu den ersten Handelspartnern des alten Singapura. Die nach ihnen benannte Straße wurde zum Synonym für das malaiische Stadtviertel, das unübersehbar islamisch geprägt ist. Die goldene Kuppel der *Sultan Mosque (Sultansmoschee)* beherrscht das Gebiet zwischen Jalan Sultan und Rochor Road im Norden und Süden, zwischen Jalan Besar und Beach Road im Westen und Osten. Die Läden in den kleinen Straßen sind vollgestopft mit Leder- und Korbwaren, Parfümöl, Batik und Seide. Wenn Sie mit den Stoffhändlern der Arab Street handeln, sollten Sie schon 10 Prozent Rabatt herausholen können. Nachdem es aufgrund hoher Mietpreise zu langen Leerständen gekommen war, ist das Viertel, das auch *Kampong Glam* heißt, nun wieder belebt. Inzwischen entdeckt die immer buntere Szene Singapurs die

50 www.marcopolo.de/singapur

SEHENSWERTES

Gassen und ihre attraktiven Nachtlokale. *MRT EW 12, DT 14 Bugis, dann Bus 2, 7, 32*

2 HAJJAH FATIMAH MOSQUE
(135 F5) (*L2*)

Singapurs älteste Moschee ist architektonisch schöner als die größere Sultansmoschee. Sie wurde nach einer in Malakka geborenen Malaiin benannt, die einen reichen Sultan heiratete und nach dessen Tod sein Schifffahrts- und Handelshaus so erfolgreich weiterführte, dass sie 1846 den Moscheebau finanzieren konnte. *4001 Beach Road | MRT EW 11 Lavender, dann Bus 100, 961, 980*

3 INDIAN HERITAGE CENTRE
(134 C4) (*J2*)

Einen guten Überblick über das farbenfrohe indische Viertel und die indische Kultur bietet das Indian Heritage Centre. Es wurde mit viel Aufwand hinter einer aufregend bunten Fassade Ende 2015 eröffnet. Schon seit Längerem bietet das damals noch heimatlose Zentrum Kurse an, wie etwa „Kochen mit Gewürzkönigin" oder „Indische Drucktechniken". Die Bevölkerung wurde vor der Eröffnung des Neubaus aufgerufen, alte Schmuckstücke und Fotos aus den frühen Jahren von Little India zur Dauerausstellung beizutragen. *Di–Do 10–19, Fr/Sa 10–20, So 10–16 Uhr | Eintritt 4 S$ | 5 Campbell Lane | www.indianheritage.org.sg | MRT NE 7 Little India*

4 LITTLE INDIA
(134–135 C–E 2–4) (*J–K 1–2*)

Auf beiden Seiten der Serangoon Road, im Norden bis zur Lavender Street, im Os-

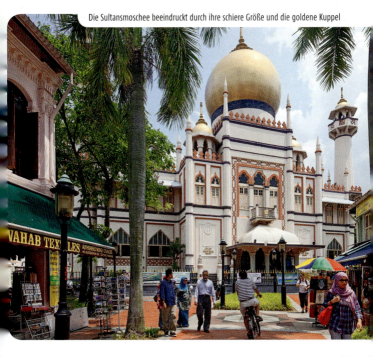

Die Sultansmoschee beeindruckt durch ihre schiere Größe und die goldene Kuppel

HARBOURFRONT & SENTOSA

ten an das malaiische Viertel grenzend, sind unübersehbar Inder in der Mehrzahl – Frauen im Sari, Männer mit Turbanen oder in den typischen Beinkleidern Lunghi und Dhoti. Sonntagabends ist hier das Gedränge am größten. Nicht nur indischstämmige Singapurer, auch viele Gastarbeiter aus Bangladesch, Sri Lanka und dem Süden Indiens versammeln sich dann vor dem Serangoon Plaza oder am Kali-Amman-Tempel. *MRT NE 7 Little India*

5 MALAY HERITAGE CENTRE
(135 E5) (*L2*)

Das Zentrum bietet permanente und wechselnde Ausstellungen zur malaiischen Kunst und Kultur. Gelegen in einem restaurierten Sultanspalast können Besucher auch Kurse in traditionellem malaiischem Kunsthandwerk buchen. Singapur hat sich viel Mühe gegeben, das Erbe dieser Volksgruppe aufzuarbeiten. *Di–So 10–18, geführte Touren Di–Fr 11 Uhr | Eintritt 4 S$ | 85 Sultan Gate | www.malayheritage.org.sg | MRT EW 12, DT 14 Bugis, dann Bus 7*

6 SULTAN MOSQUE (135 E5) (*K2*)

Das jetzige Gebäude der Sultansmoschee, geistliches Zentrum der hiesigen Moslems, wurde erst im Jahr 1928 fertig gestellt und fällt durch seine riesige goldene Kuppel auf. Es besitzt die größte Gebetshalle der Stadt. *Während der Gebetsstunden kein Zutritt für Besucher | 3 Muscat Street | MRT EW 12, DT 14 Bugis*

HARBOUR-FRONT & SENTOSA

Der neue Hafenbezirk am Tor zur Freizeitinsel Sentosa entwickelt sich rasant. Das Einkaufszentrum Vivo City zählt zu den schönsten der Stadt. Architekt Daniel Libeskind baute daneben ein Wohnviertel, dessen Türme sich scheinbar im Wind biegen. Das gegenüberliegende Sentosa *(sentosa.com.sg)* wird Sie überwältigen, besonders, wenn Sie mit Kin-

Im bunten Little India shoppen sie alle: Muslime, Hindus, Buddhisten, Christen, Touristen ...

52 www.marcopolo.de/singapur

SEHENSWERTES

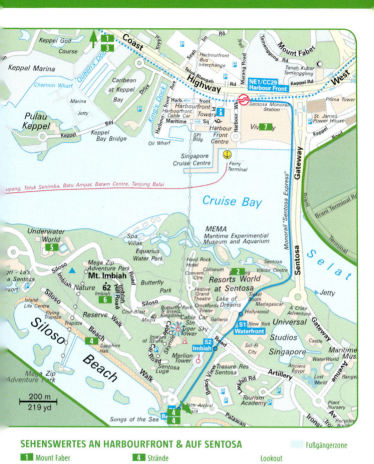

SEHENSWERTES AN HARBOURFRONT & AUF SENTOSA

1 Mount Faber	4 Strände	Lookout
2 Resort World Sentosa	5 Underwater World	7 Vivo City
3 Southern Ridges	6 Vergnügungsviertel Imbiah	

▓ Fußgängerzone

dern reisen. Die Freizeitinsel mit ihren rund 250 Attraktionen liegt nur wenige Minuten von der Innenstadt entfernt – und ist doch eine ganz eigene Welt. Einst befand sich auf der 390 ha großen „Insel des Friedens und der Ruhe" nichts als ein Fischerdorf. Ab 1880 nutzten die Briten sie als Militärbasis, um sich gegen einen – nie erfolgten – Angriff von See aus zu verteidigen. Heute ist Sentosa ein Paradies für all jene, die Zerstreuung suchen: Unzählige Attraktionen rund um den Freizeitpark *Resort World Sentosa*, Spitzengastronomie und Pizzerien, weiße Strände und Aquarien – Sie können Tage auf Sentosa verbringen.

Stadt und Insel verbindet eine Seilbahn vom Mount Faber (s. S. 54). Sie erreichen Sentosa aber auch ganz einfach per *Sentosa Express* (tgl. 7–24 Uhr

53

HARBOURFRONT & SENTOSA

Ein bisschen Disneyland, ein bisschen Hollywood direkt in Singapur: Resort World Sentosa

von Vivo City, 3. Stock | Eintritt 4 S$ inkl. Sentosa Pass | MRT CC 29, NE 1 Harbourfront), Taxi, Auto oder zu Fuß über die Brücke, den neuen *Sentosa Boardwalk* (Eintritt Mo–Fr 1 S$, Sa/So frei). Per Taxi und Auto gibt es variable Preise von 2–7 S$ pro Auto. Auf Sentosa selbst sind die Transportmittel frei, die gelben, roten und blauen Buslinien sowie der Beach Train steuern die verschiedenen Ziele an. Außerdem bietet sich die Insel für Erkundungstouren auf dem *Segway* (tgl. 10–20.30 Uhr sowie Nachtfahrten | ab 12 S$ | ab Beach Station) oder *Elektrofahrrädern* (tgl. 10–20 Uhr | ab 12 S$ | ab Siloso Beach) an. Alle weiteren Infos zu Sentosa auf der ausführlichen Internetseite www.sentosa.com.sg.

1 MOUNT FABER
(142 B–C1) (*P4*)

Viele Besucher beginnen ihren Ausflug nach Sentosa vom *Mount Faber* aus: Eine Seilbahn führt bis auf die Freizeitinsel. Doch auf Singapurs zweithöchstem Berg wird Ihnen noch einiges mehr geboten als ein – gerade am Abend – wunderschöner Ausblick über die Stadt: Im *Faber Peak Singapore* fährt die Seilbahn ab, es gibt dort aber auch Restaurants und ein Souvenirgeschäft. *Tgl. 8.45–22 Uhr | hin und zurück 29 S$ inkl. Eintritt für Sentosa, viele Sonderpreise | Tickets: Faber Peak Singapore, Harbour Front Centre, Harbour Front Tower 2, Sentosa Tour Desk | www.faberpeaksingapore.com | MRT CC 29, NE 1 Harbour Front*

2 RESORT WORLD SENTOSA ★
(142–143 C–D 3–4) (*P–Q6*)

Wer die Brücke *Sentosa Gateway* überquert, der sieht zunächst die Türmchen und Zinnen der *Universal Studios Singapore* (meist tgl. 10–19 Uhr | Tagespass Erw. 74, Kinder 54 S$), Teil der großen Resorts World Sentosa (RWS). Die Attraktionen in dem riesigen Freizeitpark wurden nach bekannten Filmen entwickelt, auf Schritt und Tritt begegnen Ihnen Shrek, die tierischen Helden aus Madagaskar oder die Dinosaurier aus Jurassic Park. Sogar einen eige-

SEHENSWERTES

nen Hollywoodboulevard inklusive Walk of Fame bauten die Macher nach. Dutzende Restaurants, die wildesten Achterbahnen Südostasiens und eine Liveshow mit Stuntleuten aus Kalifornien beschäftigen Kinder und ihre Eltern mindestens einen Tag. Aber auch wer sein Glück versuchen will, ist im *RWS-Komplex* richtig: Im Kellergeschoss liegt das zweite *Kasino* Singapurs, genauso wie eine *Musicalbühne (Tickets über www.sistic.com.sg)*. Der *Marine Life Park* bietet alles, was Wasserratten sich erträumen: Im weltgrößten *Aquarium S.E.A. (tgl. 10–19 Uhr | Tagespass Erw. 38, Kinder 28 S$)*, findet sich auch das *Maritime Experiential Museum (Mo–Do 10–19, Fr–So 10–21 Uhr | Eintritt 5 S$)*, das die Geschichte des Seehandels vorstellt. Für einen Aufschlag von 2 S$ zum Tagespass öffnen sich auch die Türen zum neuen Wachsfigurenkabinett von *Madame Tussauds (Mo–Fr 10–19.30, Sa–So 10–21 Uhr | Eintritt Erw. 39, Kinder 29 S$)*. Ein paar Meter weiter kommt man zum Spaßbad *Adventure Cove Water Park (tgl. 10–18 Uhr | Tagespass Erw. 36, Kinder 26 S$)*. Tierliebhaber werden aber

direkt *Dolphin Island (tgl. 10–18 Uhr | Erw. ab 68, Kinder ab 58 S$)* ansteuern. Wer in Ruhe bummeln will, schickt die Kinder in den *Kids Club (tgl. 10–22 Uhr | 12 S$ pro Stunde)*. Am Ufer werden nach Einbruch der Dunkelheit zwei spektakuläre, kostenlose Vorführungen geboten: Der *Crane Dance (tgl. 21 Uhr)*, den zwei riesige Kräne aufführen, zeigt einen sehenswerten Liebestanz von Kranichen. Das Schauspiel *Lake of Dreams (tgl. 21.30 Uhr)* spielt mit Feuer, Wasser und Licht. Wer hungrig ist, hat die volle Auswahl: Das RWS bietet Restaurants aller Preisklassen. Wer den Spaß länger genießen will, kann sich auch ein Hotelzimmer direkt im RWS-Komplex mieten – etwa im *Hard Rock Hotel (€€€)* oder im Hotel *Michael (€€€)*. *www.rwsentosa.com | MRT NE 1, CC 29 Harbour Front, dann weiter Sentosa Express SE 1 Waterfront*

🔳 SOUTHERN RIDGES

(136–137 A–F 3–6) (*A–D 5–7*)
Einer der schönsten Wanderwege Singapurs (s. S. 107) führt über eine Strecke von 9 km und drei Hügel. Spektakuläre

---

RICHTIG FIT!

Frühaufsteher finden ihr ideales Betätigungsfeld morgens ab Sonnenaufgang im alten *Botanischen Garten (132 A–B 1–4)* (*C–D1*): Tai Chi, Schwert- und Fächertanz und Gymnastik. Die meisten Trainer haben nichts dagegen, wenn Sie einfach mitmachen, sondern freuen sich über das Interesse. Wer lieber für sich allein trainiert, nimmt eine der Joggingstrecken. Gut trainierte Radfahrer strampeln auf dem sogenannten *Park Connector (Ausschilderung: PCN Park Connector Network)*, einer Strecke, die

die Grünanlagen der Stadt verbindet, einmal rund um die Insel. Wer weniger Trainingsbedarf verspürt, wählt einfach eins der Teilstücke aus, z. B. entlang der ● East Coast vom *East Coast Park (0)* (*N–S3*) *(www.nparks.gov.sg | www.lifestylerecreation.com.sg)* in östliche Richtung. Doch Vorsicht: An den Wochenenden tobt sich hier ganz Singapur aus! Fahrräder oder Inlineskates können Sie täglich an kleinen Ständen oder den sogenannten PCN-Pitstops an der Strecke mieten.

HARBOURFRONT & SENTOSA

Brücken wie die hölzernen **INSIDER TIPP** *Henderson Waves* – die höchste Fußgängerbrücke Singapurs – und Stiegen auf Stelzen in Höhe der Baumwipfel machen ihn einzigartig. Der Weg beginnt im Hort Park und endet im Einkaufszentrum Vivo City, wo Sie nach getaner Arbeit ein Eis mit Seeblick genießen können. *www.nparks.gov.sg | MRT CC 27 Labrador Park, dann Bus 100 zum Hort Park*

4 STRÄNDE
(142–143 A–E 4–6) (m O–R 6–8)
Zugegeben, das Wasser entlang der meist befahrenen Schifffahrtsstraße der Welt ist nicht das sauberste. Dennoch haben die gut 3 km langen Strände Sentosas – Siloso, Palawan und Tanjong – mit ihrem weißen Sand ihren Charme. Alle Strände sind über den Beach Train miteinander verbunden. Klingt die Tropenhitze des Tages erst ab, lässt es sich hier auch herrlich chillen: Berühmt ist die *Rave Party* an Silvester. Doch auch an ganz normalen Abenden lockt die Pizzeria *Trapizza* Familien auf den Strand oder das *Café del Mar* die frisch Verliebten. Wer Wassersport betreiben möchte, aber das Meerwasser hier scheut, nutzt das *Wave House (tgl. 10.30–22.30, Mi, Sa, So 9–23 Uhr | Eintritt ab 45 S$ | www.wavehousesentosa.com)* am Siloso Beach für – anspruchsvolleres – Surfen auf künstlichen Wellen.

Auf einer kleinen Insel vor dem Hauptstrand Sentosas liegt der südlichste Punkt des asiatischen Festlands. Von hier blicken Sie auf die südlichen Inseln Singapurs, wie Kusu Island oder St John's Island, von denen einige mit den Fähren von *Singapore Island Cruise and Ferry Services (Ticket 18 S$ | 31 Marina Coastal Drive | Marina South Pier | Tel. 65 34 93 39 | www.islandcruise.com.sg | MRT NS 28 Marina South Pier)* vom Cruise Center aus erreichbar sind.

Siloso Beach – Naherholung im wahrsten Sinne: Palmen, weißer Sand und die City im Rücken

SEHENSWERTES

5 UNDERWATER WORLD
(142 A–B3) (*O6*)
Dem Leben unter der Meeresoberfläche widmet sich auf Sentosa auch die Underwater World mit der *Dolphin Lagoon* an der Westspitze der Insel. Hier können Sie Delphine streicheln (190 S$), mit Haien tauchen (130 S$) und Fußbäder in den Fischbassins nehmen. *Tgl. 10–19 Uhr | Eintritt Erw. 29,90, Kinder 20,60 S$ für beides | www.underwaterworld.com.sg | blaue, rote Sentosa-Buslinie bis Siloso Point*

6 VERGNÜGUNGSVIERTEL IMBIAH LOOKOUT (142 B3–4) (*P6*)
Rund um den Mount Imbiah, Sentosas höchste Erhebung mit schöner Aussicht, können Sie sich sportlich bis atemberaubend vergnügen. Vom Hügel direkt startet der *Megazip* (39 S$) zu einer langen Fahrt am Stahlseil durch die Luft bis auf eine vorgelagerte Insel. Außerdem im Angebot des *Megazip Adventure Parks* (Mo–Fr 14–19, Sa/So 11–19 Uhr): der Klettergarten *Climbmax* (Eintritt 39 S$) und *Parajump* (12 S$), der fingierte Fallschirmsprung aus gut 15 m Höhe. Etwas weiter östlich sausen Sie beim *Skyline Luge Sentosa* (tgl. 10–21.30 Uhr | ab 15 S$) auf Schlitten talwärts.

7 VIVO CITY (142 C2) (*Q5*)
Der japanische Architekt Toyo Ito hat eine Einkaufsmeile mit Blick auf den Hafen gebaut, die eher an ein Raumschiff erinnert. Der weiße Bau ohne Ecken und Kanten beherbergt Filialen aller großer Ketten von Gap bis Zara. Eine Fülle guter Restaurants mit Aussicht auf die an- und abfahrenden Schiffe ergänzt Singapurs jüngstes Einkaufsparadies. Auch gibt es hier das modernste Kino der Stadt mit Liegesesseln – im ● *Golden Village* wird Ihnen sogar das Essen an den Platz gebracht. Ein riesiges Wasserbecken befindet sich auf dem Dach. *Tgl. 10–22 Uhr | 1 Harbourfront Walk/Sentosa Gateway | www.vivocity.com.sg | MRT NE 1, CC 29 Harbourfront*

IN ANDEREN VIERTELN

BOTANIC GARDENS
(132 A–B 1–4) (*C–D1*)
Der alte Botanische Garten ist ein tropisches Schmuckstück, nur wenige Gehminuten von der Einkaufsmeile Orchard Road entfernt. Im Juli 2015 wurde er zu Singapurs erstem Weltkulturerbe der Unesco erhoben. Auf dem riesigen Areal von 52 ha wachsen mehr als 2000 verschiedene Pflanzenarten. Hier gibt es tropischen ● Primärregenwald ebenso wie gepflegte Rasenflächen, Wasserfälle, Seen, Farn- und Rosengärten. Welt-

IN ANDEREN VIERTELN

berühmt ist der ● Orchideengarten mit seinen ganzjährig blühenden Sorten und mehr als 60 000 Pflanzen. Neue Abteilungen zeigen Kakteen, Gewürz-, Heil- und Wassergewächse. Für Kinder ist nicht nur der große Spielplatz, sondern auch die nachgebildete Urlandschaft *Eco Garden* interessant. Restaurants und Lehrgebäude vervollständigen das Angebot. Der botanische Garten war ursprünglich – wie sein Vorgänger, den Sir Stamford Raffles 1822 anlegen ließ – eine Versuchsanlage für wirtschaftlich nutzbare Gewächse. Raffles konzentrierte sich auf essbare Pflanzen und Gewürze, der Botaniker Henry Ridley begann Mitte des 19. Jhs. mit der versuchsweisen Anpflanzung von Kautschukbäumen, deren Samen aus Brasilien nach Singapur kamen. Zunächst als „mad Ridley" – verrückter Ridley – verspottet, begründete der Pionier die Gewinnung von Naturkautschuk als einen bedeutenden Wirtschaftszweig Südostasiens. *Tgl. 5–24 Uhr | Eintritt frei | Orchideengarten tgl. 8.30–19 Uhr | Eintritt 5 S$ | Jacob Ballas Children's Garden Di–So 8–19 Uhr | Eintritt frei | 1 Cluny Road | Eingang Ecke Holland Road | www.sbg.org.sg | MRT CC 19 Botanic Gardens | MRT NS 22 Orchard, dann Bus 7, 77, 106, 123, 174 ab Orchard Boulevard*

GEYLANG SERAI (0) (⌂ d3)

Lange vor Ankunft der Engländer und Chinesen siedelten hier Malaien. 1840 von den Engländern vertrieben, zogen sich auch die malaiischen Fischer aus dem Pfahldorf am Singapore River hierher zurück. Einige ihrer Nachfahren haben am East Coast Park noch ihre Boote liegen. Gegen ein geringes Entgelt nehmen sie Touristen auf Fangfahrt mit. Nach wie vor entfaltet sich in Geylang malaiisches Kulturleben, besonders rege an religiösen Feiertagen. Die Geschäfte führen spezifisch malaiische Produkte, wie etwa im Joo-Chiat-Komplex (1 Joo Chiat Road) oder dem überdachten Markt *Malay Village* (tgl. 10–22 Uhr | 31 Geylang Serai). Reiche Araber und Malaien errichteten in diesem Stadtteil ihre Prachtvillen, oft in wuchtigem Zuckerbäckerstil. Zu muslimischen Festtagen wie dem Hari Raya am Ende der Fastenzeit wird Geylang Serai mit üppigen Dekorationen herausgeputzt. *MRT CC 9, EW 8 Paya Lebar*

HOLLAND VILLAGE (0) (⌂ A1)

Die heutigen Nachfahren der Siedler in Singapur, die Entsandten der Banken und Konzerne, lassen sich gern in der Nähe von Holland Village nieder. Hier leben sie nahe am Stadtzentrum, aber doch in grüner Umgebung. In diesem Stadtteil gibt es einige preiswerte Läden, die dem westlichen Geschmack gerecht werden, besonders in dem – von außen abweisend wirkenden – *Holland Village Shopping Centre*. Bei dem indischen Zeitschriftenhändler an der Straßenecke bekommen Sie internationale, auch deutschsprachige Zeitschriften. Im gesamten Viertel gibt es zahlreiche gute – auch westliche – Restaurants, vor allem in der *Jalan Merah Saga*. Und wenn Sie wollen, können Sie an den Bars von Holland Village einiges über das wahre Leben in der Stadt erfahren und schnell Anschluss knüpfen. Linker Hand der Holland Avenue haben manche Freigeister die alte Soldatensiedlung bevölkert. Rechter Hand entsteht bis 2017 ein vollkommen neuer, großer Einkaufskomplex. *MRT CC 21 Holland Village | Bus 7, 77, 106 ab MRT NS 22 Orchard/Orchard Boulevard*

TANGLIN VILLAGE (DEMPSEY HILL)
(132 A–B 4–5) (⌂ C–D2)

Zwischen Holland Village und Innenstadt liegt ein weiterer Anziehungspunkt der Stadt, verborgen hinter hohen Tropenbäumen: Auf den ersten Blick mag das

SEHENSWERTES

weitläufige Gelände von Tanglin Village nicht danach aussehen, aber die Entwicklungsbehörde Singapurs betrachtet das alte Militärgelände als Schlüsselprojekt. Einst eine Muskatnussplantage, baute ab 1860 das Militär auf dem Hügel vor den Toren der damaligen Stadt seine Baracken. In sie ist heute neues Leben eingezogen: Restaurants, Weinhandlungen, Antiquitätenhändler und Boutiquen. Wer sich auf den Hügel begibt, braucht ein wenig Zeit – aber er wird viele Entdeckungen machen. Dazu zählen Szenetreffs wie das *PS. Cafe at Harding*, aber auch Händler alter Buddhastatuen wie *Shang Antique*. Allein die Dichte der abends hier geparkten Ferraris, Maseratis und Porsches zeigt, dass Dempsey Hill, wie der Hügel genannt wird, der Hotspot von Singapurs Schickeria ist. Das Viertel lebt von seiner Weitläufigkeit, dem Charme der alten Black-and-White-Häuser und den Tropenbäumen. *Schräg gegenüber Botanic Gardens | MRT NS 22 Orchard/Orchard Boulevard | dann Bus 7, 77, 106, 123, 174, dann Bus 7, 77, 106, 173, 174 ab Orchard Boulevard*

AUSSERHALB

EAST COAST PARK ☼ (0) (🗺 N–S3)
Dieser kilometerlange Park entlang der Ostküste des Stadtstaats gehört zu den

Grün, tropisch, üppig und voller angenehmer Überraschungen: Botanic Gardens

beliebtesten Ausflugszielen der Singapurer. Vermeiden Sie daher möglichst einen Besuch am Wochenende! Hier können Sie je nach Laune am Strand faulenzen, ein Fahrrad oder Inlineskates ausleihen, wakeboarden, zelten, grillen oder einfach nur am Meer entlang spazieren gehen. Empfehlenswert ist ein Besuch in einem der zahlreichen Seafood-Restaurants. *Bus 16 bis Marine Terrace, dann weiter durch eine Unterführung unter der ECP-Schnellstraße; Bus 36 von Orchard Road oder MRT CC 9/EW 8 Paya Lebar, dann Bus 76*

59

AUSSERHALB

JURONG BIRD PARK (0) (*b4*)

Im größten Vogelpark Südostasiens sind über 600 Arten aus aller Welt mit zusammen mehr als 9000 Exemplaren vertreten, darunter die größte Sammlung südostasiatischer Nashornvögel und südamerikanischer Tukane sowie die zweitgrößte Pinguinschau der Welt. Durch den

Gefiederte Vielfalt: Jurong Bird Park

Park verkehrt eine Einschienenbahn. Das größte Aviarium überspannt eine Fläche von 2 ha mit Tropenwald und Wasserfall, künstlichen Regengüssen und Gewittergrollen, die die bunten tropischen Vögel aufgeregt Schutz suchen lassen. Im *Pools Amphitheater* gibt es mehrmals täglich die *Highflyers Show*, in der abgerichtete Vögel erstaunliche Kunststücke vollbringen. *Tgl. 8.30–18 Uhr | Eintritt Erw. 28, Kinder 18 S$ | Mittagessen mit den Papageien 12–14 Uhr, Erw. 22, Kinder 17 S$ | Tel. 63 60 85 60 | Kombiticket mit Zoo, Nightsafari und Riversafari möglich | 2 Jurong Hill | Tel. 62 65 00 22 | www.birdpark.com.sg | MRT EW 27 Boon Lay, weiter mit Bus 194 oder 251*

LIAN SHAN HUANG LIN (0) (*d4*)

Die Klosteranlage von 1908 ist heute ein Nationaldenkmal. Denn sie besteht nicht nur aus den Tempeln, die an Geburt und Tod Buddhas erinnern, sondern auch aus dem daneben liegenden taoistischen Tempel Cheng Huang Miao. Er ist dem Stadtgott gewidmet. Das buddhistische Kloster wird beherrscht von der Pagode, deren Glocken im Wind klingen. Durch drei Höfe geht es in die jeweiligen Tempelhallen, in denen kunstvoll geschnitzte Buddhastatuen die Besucher erwarten. *184 Jalan Toa Payoh | www.shuanglin.org | MRT NS 19 Toa Payoh*

INSIDER TIPP MEMORIES AT OLD FORD FACTORY (0) (*b4*)

1941 nahm die alte Fordfabrik in Singapur als erstes südostasiatisches Automobilwerk ihre Fertigung auf. Heute hat die Stadt in den historischen Gebäuden eine beeindruckende Gedenkstätte für Singapurs Geschichte unter der japanischen Besatzung (1942–45) eingerichtet. Die Japaner tauften die Stadt in Syonan-To, „Licht des Südens", um. Doch sie herrschten mit einer Grausamkeit, die Singapur bis heute nicht vergessen hat. *Mo–Sa 9–17.30, So 12–17.30 Uhr | Eintritt 3 S$ | 351 Upper Bukit Timah Road | www.nas.gov.sg/moff | MRT NS 2 Bukit Batok, dann Bus 173; MRT CC 14 Botanic Gardens, dann Bus 170/171*

SINGAPORE ZOOLOGICAL GARDENS, NIGHTSAFARI & RIVERSAFARI ★
(0) (*c3*)

Der wunderschöne Singapurer Zoo von 1973 wurde als Open Zoo konzipiert – das heißt, dass die meisten Tiere in großen, offenen Gehegen gehalten werden. Wo immer es geht, wurde auf Gitter verzichtet – meist trennen Wassergräben Besucher und Besuchte. Die *Nightsafari* bietet einen besonderen Höhepunkt, den sich

SEHENSWERTES

kein Singapur-Besucher entgehen lassen sollte. Mehrfach preisgekrönt sind sowohl Zoo als auch Nachtsafari. Im *Conservation Centre* erfahren Sie mehr über die Aktivitäten. Von 9–17 Uhr können Sie den Fütterungen der 3600 Tiere beiwohnen. Wer mag, meldet sich zum *Jungle Breakfast (tgl. 9–10.30 Uhr | Eintritt Erw. 33, Kinder 23 S$ | Buchungen unter Tel. 63 60 85 60 oder saleshotline.wrs@wrs.com.sg)* mit den Orang-Utans an.

Auf 20 ha bildet die ✅ *Riversafari* einen weiteren Höhepunkt. Für 100 Mio. Dollar wurde ein Tropendschungel hergerichtet, den Sie per Boot erkunden. Die Reise führt durch zehn Ökosysteme der Welt wie etwa das Nildelta, entlang des Mississippi oder den Amazonas hinauf. Kinder wollen die Pandas Kai Kai und Jia Jia in ihrem Freigehege Panda Forest am Fluss sehen. Hier gibt es auch die fuchsähnlichen roten Pandas.

Um 18 Uhr schließt der Zoo, 90 Minuten später öffnen sich die Tore zur *Nightsafari (tgl. 19.30–24 Uhr, Ticketverkauf bis 23 Uhr | Eintritt Erw. 42, Kinder 28 S$):* Über 40 ha erstreckt sich das Gelände,

das anderthalbmal so groß ist wie das des Tageszoos. Am Eingang lodern Fackeln, über dem Gelände liegt ein fahler Schein, denn spezielle Lampen beleuchten die 1000 Tiere (110 verschiedene Arten) bis Mitternacht. Machen Sie üppigen Gebrauch von Mückenschutzmitteln. Am Eingang gibt es eine kleine Karte, die verschiedene, gut ausgeschilderte Routen vorschlägt. Wer müde ist, lässt sich mit der Bahn umherkutschieren. Und: Planen Sie genug Zeit für die Anfahrt ein, die von der City gut 1¼ Stunden dauert.

Tgl. 8.30–18 Uhr | Eintritt Erw. 32, Kinder 23 S$; gratis für alle Geburtstagskinder (Pass mitbringen!); viel günstiger sind die Kombitickets Park Hopper für Zoo, Nightsafari, Riversafari und Jurong Bird Park | 80 Mandai Lake Road | Tel. 62 69 34 11 | www.wrs. com.sg | www.zoo.com.sg | Bus 171 Mandai Lake Road, dann Straße überqueren und mit Bus 138 weiter bis zur Endstation; MRT NS 16 Ang Mo Kio, weiter mit Bus 138; MRT NS 4 Choa Chu Kang, dann weiter mit Bus 927 | Abholung mit dem Singapore Attractions Express von einigen Hotels und U-Bahn-Stationen (www.saex.com.sg)

SPORTSCHAU

Das alljährliche Nachtrennen der Formel 1 bringt die Bilder der Stadt Milliarden Menschen ins Wohnzimmer. Wer sich für Sport in Singapur interessiert, findet auf der Website des *Singapore Sports Council (www.ssc.gov.sg)* aktuelle Termine. Und wer wetten will, ist beim Pferderennen richtig *(www. turfclub.com.sg)*. Singapurs ganzer Stolz ist der *Singapore Sports Hub* (0) *(🔲 N2)(www.sportshub.com.sg)*, das Nationalstadion, in dem die sportlichen Großereignisse ausgetragen werden.

Das Dach lässt sich öffnen, die Sitze sind gekühlt, 55 000 Zuschauer finden Platz. Der zentrale Sportplatz im Stadtzentrum ist der Padang. Auf dem alten Kricketplatz spielt bis heute der *Singapore Cricket Club (www.scc.org.sg)*, so wie hier auch die Rugbyteams kämpfen *(www. sccrugbyseens.com)*. Wer Wassersport mag, schaut sich neben Segelregatten in den windreichen Wintermonaten das ganze Jahr über Drachenbootrennen *(www.sdba.org.sg)* oder Wellenreiten *(www.wakeboard.com)* an.

61

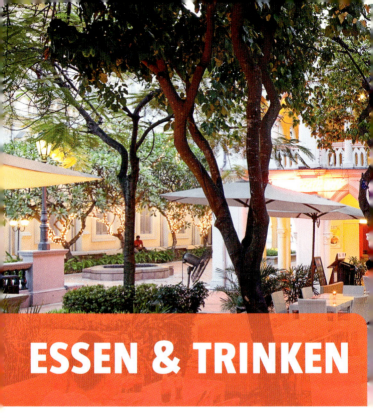

ESSEN & TRINKEN

Essen ist den Singapurern ausgesprochen wichtig, über Essen wird viel geredet, und gute Köche sind hoch angesehen. Dabei bietet der Stadtstaat auf engstem Raum eine ungeheure Vielfalt. Nicht nur alle Küchen Asiens können Sie hier kosten, sondern auch australische und europäische der allerbesten Sorte.

Die Portionen sind – gerade an Straßenständen – oft kleiner als bei uns. Essen Sie einfach wie die Einheimischen, die sich auch angesichts der Hitze nicht den Bauch vollschlagen: INSIDER TIPP *Lieber weniger und dafür öfter*, heißt das Rezept. Das gibt Ihnen auch die Chance, sich durch die verschiedenen Küchen zu probieren. Am besten geht das in den *hawker centres* – eine Ansammlung kleiner Garküchen. Früher lagen sie meist unter freiem Himmel, heute findet man sie im Unter- oder Obergeschoss aller großen Einkaufszentren. Aber es gibt auch regelrechte Essmärkte in jedem Viertel. Dort stehen kleine Plastikstühle um einen Tisch herum, man sucht sich unter den Küchen mit einem Blick in die Töpfe die leckerste aus und kauft direkt beim Koch seine Mahlzeit; die Getränke verkauft ein gesonderter Stand. Scheu brauchen Sie nicht zu zeigen: Sprechen Sie ruhig ihre Tischnachbarn an, wenn diese etwas besonders Leckeres auf dem Teller haben.

Neben der chinesischen, indischen und malaiischen Küche hat Singapur noch einen ganz eigenen Stil: Die *Peranakan*-Küche, die sich entlang der Meerenge Straße von Malakka entwickelt hat. Be-

Zauberwort Vielfalt: Von China bis Italien, von Malaysia bis Frankreich – Singapur ist ein Schmelztiegel für die Küchen dieser Erde

gründet von den frühen Einwanderern, vereint die Peranakan-Kultur chinesische mit malaiischen und europäischen Einflüssen. Heute ist sie besonders im Stadtteil Katong verankert.

In Singapur ist es nicht schwer, für 4 S$ oder für 400 S$ zu Abend zu essen. Zum Preis auf der Speisekarte kommen die Mehrwertsteuer (GST) von 7 Prozent und ein Servicezuschlag von 10 Prozent. Trinkgeld wird nirgends erwartet. Sehr teuer werden Restaurantbesuche, wenn Sie Alkohol bestellen. Die Steuern auf alkoholische Getränke sind immens, und ein Bier kostet so umgerechnet leicht 5 Euro.

CAFÉS & TEEHÄUSER

INSIDER TIPP 40 HANDS
(138 C4) (*M F5*)

Im Szeneviertel Tiong Bahru serviert das Retro-Café einen der besten Kaffees der Stadt im Shophouse der 1930er-Jahre. Dazu Sandwiches, mittags auch Hotdogs. *Mo geschl. | 78 Yong Siak Street | #01–12 | MRT EW 17 Tiong Bahru*

63

CAFÉS & TEEHÄUSER

TWG, die Insel der gepflegten Tasse Tee, mitten im Shoppingrummel der Malls

CEDELE (133 D4) (*F2*)
Cafékette in vielen Einkaufsmeilen, der Lieblingsplatz westlicher Frauen in Singapur. Hier gibt es Ökokuchen und fair gehandelten Kaffee. Z. B.: *Tgl. 10–22 Uhr | Wheelock Place | 501 Orchard Road | #03-14 | www.cedeledepot.com | MRT NS 22 Orchard*

JEWEL CAFÉ & BAR (135 D2) (*O*)
In diesem Kaffeeparadies in Little India wird der Kaffee selbst geröstet, ein Blick auf die alte Rösterei lohnt sich. *So–Do 9–22 Fr/Sa 9–23 Uhr | 129 Rangoon Road | MRT NE 8 Farrer Park*

KITH (143 F5) (*S7*)
Das australische Café mit großer Karte liegt an einem der schönsten Plätze Singapurs: inmitten der neuen Restaurantstraße am Yachthafen auf Sentosa. Rechts ein Grieche und eine Pizzeria, links Bars und ein Belgier – doch Kith bleibt einzigartig: Das Essen ist frisch, reichlich und mit Freude gekocht. Die Cocktails und Smoothies kühlen, während man von Millionen-Dollar-Yachten träumt. *Mi–Mo 8–22 Uhr | 31 Ocean Way | Sentosa Cove | www.kith.com.sg | MRT NE 1 Harbour Front, dann per Bus 188 R und zu Fuß*

INSIDER TIPP LOKAL (139 E5) (*G6*)
Das nette Café des Goethe-Instituts Singapur, das in einem liebevoll restaurierten Kolonialbau in Chinatown residiert, bietet einen charmanten Mix aus deutsch-asiatischer Küche. Und wen das Heimweh mal ganz arg plagt, der gönnt sich Bürgerliches aus der Heimat zum Lunch, etwa Gulasch mit Spätzle. *Mo–Fr 8–18, Sa/So 9–16 Uhr | 136 Neil Road | www.goethe.de/singapore | MRT EW 16, NE 3 Outram Park*

PS. CAFE AT HARDING (132 A4) (*C2*)
Zum Brunch oder zum Nachmittagstee unter Tropenbäumen treffen sich in diesem Café Künstler und Autoren, genießen das Essen mit australischem Einschlag und die riesigen Schokoladentorten. *Mo–Do 11.30–24, Fr/Sa 9.30–*

64   www.marcopolo.de/singapur

ESSEN & TRINKEN

2, So 9.30–24 Uhr | 28b Harding Road | Tanglin Village | Tel. 90 70 87 82 | MRT NS 22 Orchard, dann Bus 7, 77, 106, 123, 174 ab Orchard Boulevard

INSIDER TIPP TEA CHAPTER
(139 F4) (*ɰ H6*)

Das wohl bekannteste Teehaus Chinatowns. Sie können auch eine Teezeremonie erleben und die erlesenen Blätter kaufen. *Tgl. 11–23 Uhr | 9/11 Neil Road | www.teachapter.com | Tel. 62 26 11 75 | MRT NE 4, DT 19 Chinatown*

TOAST BOX (133 F4–5) (*ɰ G2*)

Hier gibt es nur klassisches Essen – aber was heißt schon „nur": Das klassische Frühstück aus Kopi (Kaffee) oder Teh (Tee) und Kaya Toast (Toast mit Kokosnuss-Eier-Marmelade). Eine Freude für das Auge ist allein die typisch Singapurer Zubereitung des Kaffees. *In vielen großen Malls, z. B. tgl. 7.30–22 Uhr | The Paragon | #02–08a | www.toastbox.com. sg | MRT NS 22 Orchard*

TWG ⭐ (133 E4) (*ɰ F2*)

Alteuropäischer Charme mitten in Singapurs modernsten Einkaufszentren: Das Teehaus TWG hat sich zum Lieblingstreff entwickelt. Inzwischen gibt es auch Filialen im Marina-Bay-Sands-Komplex. Nicht von ungefähr: Die jungen Gründer bieten in ihren riesigen, bunten Teedosen viele Eigenmischungen. *Tgl. 10–22 Uhr | ION | 2 Orchard Turn | #02–21 | www.twgtea. com | MRT NS 22 Orchard*

HAWKER CENTRES & FOOD COURTS

Die meisten Imbisszentren mit ihren vielen kleinen Buden sind schon morgens zum Frühstück geöffnet und arbeiten bis spät in den Abend. Stilvollstes *hawker centre* ist der ⭐ *Lau Pa Sat Festival Market* (140 B4) (*ɰ J5–6*) *(MRT DT 17 Downtown)* an der Robinson Road. Schon 1822 gab es an dieser Stelle einen Markt. Während der Sanierung Chinatowns hat das Singapore Tourism Board die *Smith*

MARCO POLO HIGHLIGHTS

⭐ TWG
Lieblings-Teetreff im besten Kaufhaus der Stadt → S. 65

⭐ Lau Pa Sat Festival Market
Hawker food in einer zauberhaften Halle – mittags sind die Speisen am frischesten → S. 65

⭐ The Clifford Pier
Eine Stimmung wie zu Hochzeiten der Ozeanriesen inklusive feiner asiatischer Spezialitäten → S. 67

⭐ The Knolls
Den Sonnenuntergang genießen auf der Terrasse von Stararchitekt Norman Foster → S. 67

⭐ Supertree by Indochine
Speisen auf einem künstlichen Baum hoch über dem neuen Botanischen Garten → S. 68

⭐ Din Tai Fung
Zuschauen beim Formen der Dim Sums, die dann auch noch köstlich schmecken → S. 68

⭐ The Intan
Tief eintauchen in die Esskultur der Peranakan → S. 69

⭐ The Song of India
Exzellente indische Küche – im historischen Kolonialhaus liebevoll serviert → S. 69

Street (139 F4) (*🕮 H5*) (*MRT NE 4 Chinatown*) zu einer Essmeile umgestaltet. Der schönste *food court* liegt auf dem Dach des Einkaufszentrums *Vivo City* (142 C2) (*🕮 D8*) direkt am Meer: Die INSIDER TIPP *Food Republic@Vivo City* (*# 3 | 1 Harbour Front Walk | MRT NE 1 Harbourfront*) ist wie ein altes chinesisches Dorf gestaltet. Wie eine offene Markthalle wirkt das *Maxwell Road Food Centre* (139 F4) (*🕮 H6*) (*MRT DT 19, NE 4 Chinatown*) in Chinatown. Sehr gute *hawker centres* finden sich auch neben dem Esplanade-Kulturzentrum, in der ● *Makansutra Glut-*

GOURMETTEMPEL

André (139 E4–5) (*🕮 G6*)
Hier kocht ein Künstler: Chefkoch André Chiang kreiert seine Menüs nach eigener Philosophie aus frischesten Zutaten. Das achtgängige Probiermenu orientiert sich an Begriffen wie „pure" oder „artisan". Die Gänge wechseln täglich. Gelegen in einem alten Shophouse in Chinatown. *Mi–Fr 12–14 u. Di–So 19–23 Uhr | 41 Bukit Pasoh Road | Tel. 65 34 88 80 | www.restaurantandre.com | MRT EW 16, NE 3 Outram Park*

Iggy's (133 D4) (*🕮 E–F2*)
Das winzige Restaurant mit der stark japanisch beeinflussten Küche rangiert unter den besten der Stadt. Die offene Küche ist größer als der Speiseraum mit seinen nur 40 Plätzen. Sie müssen reservieren. *Mo, Do–Sa 12–13.30 u. Mo–Sa 19–21.30 Uhr | The Hilton Hotel | 581 Orchard Road | #3 | Tel. 67 32 22 34 | www.iggys.com.sg | MRT NS 22 Orchard*

Jaan ✺ (140 B1) (*🕮 J3*)
Eins der 50 besten Restaurants in Asien, mit spektakulärem Ausblick aus dem 70. Stock. Chefkoch Julien Royer bietet feinste Fusionküche. *Mo–Sa 12–14.30 und 19–22 Uhr | Equinox Complex Swissôtel The Stamford | #70 | 2 Stamford Road | Tel. 68 37 33 22 | www.jaan.com.sg | MRT NS 25, EW 13 Cityhall*

Punjab Grill (141 D–E 3–4) (*🕮 K–L5*)
Der Name mag nicht vielversprechend klingen, doch Meisterkoch Jiggs Kalra zaubert Sie mit seinen Gerichten zurück ins alte Indien. Feinfühlig hat er die Küche des Nordwestens seiner Heimat modernisiert. *Tgl. 11.30–15.30 u. 18.30–23 Uhr | Marina Bay Sands | #B1–01a, Galeria Level | Tel. 66 88 73 95 | www.punjabgrill.com.sg | MRT CE 1, DT 16 Bay Front*

Raffles Hotel (140 C1) (*🕮 K3*)
Das Restaurant im rustikal gehaltenen Long Bar Steak House wissen nicht nur Geschäftsleute zu schätzen. Legendär ist der Sonntagsbrunch (*12–15 Uhr*) im Billardroom, der es an nichts fehlen lässt. *1 Beach Road | Tel. 64 31 61 56 | www.raffles.com/singapore | MRT NS 25, EW 13 City Hall*

Tóng Lè Private Dining ✺ (140 C3–4) (*🕮 J5*)
Viele halten es für das derzeit beste chinesische Feinschmeckerrestaurant Singapurs. Neben dem exquisiten Essen in privater Atmosphäre wird ein fantastischer Blick über das Meer geboten. Nur nach Anmeldung. *Mo–Sa 11.30–15, 18–23 Uhr | OUE Tower 08 und 10 | 60 Collyer Quay | Tel. 66 34 32 33 | www.tong-le.com.sg | MRT EW 14, NS 26 Raffles*

ESSEN & TRINKEN

Im super classy Ambiente des Knolls fällt es schwer, nur Augen für die köstliche Küche zu haben

tons Bay. Und im Untergeschoss (B4) der Einkaufsmeile *ION Orchard*. Dort können Sie täglich um 11 Uhr am INSIDER TIPP *Local Food Trail* (Tel. 62 38 82 28) teilnehmen, um die lokalen Spezialitäten kennenzulernen.

lassen. Die Melange erinnert an Singapurs bunte Zusammensetzung. *Tgl. 12–14.30 Uhr, Tee 15.30–17.30, Abendessen 18.30–22.00, Souper So–Do 22–24, Fr/Sa 22–1 Uhr | 80 Collyer Quay | Clifford Pier | Tel. 65 97 52 66 | www.fullertonbayhotel.com | MRT EW 14, NS 26 Raffles Place*

RESTAURANTS €€€

THE BLACK SWAN (140 B4) (*J5*)
Westlicher Luxus hinter Singapurer Artdéco-Fassade. Hier treffen sich die Banker zum Lunch, schicke Paare zum Champagner-Dinner. *Mo–Fr 11.30–14.30, Tee 14–17, Mo–Sa 17–22.30 Uhr | 19 Cecil Street | Tel. 8 18 13 3 05 | www.theblackswan.com.sg | MRT EW 14, NS 26 Raffles Place*

THE CLIFFORD PIER ★
(140 C3) (*J–K5*)
Das gepflegte Ambiente des großzügigen Restaurants in der früheren Ankunftshalle der Schiffe aus Übersee erinnert an die 1920er-Jahre – auch dank der musikalischen Begleitung bis tief in den Abend. Gereicht wird verfeinerte asiatische Straßenküche und ein paar klassisch westliche Gerichte. Küchenchef Ken Zheng hat manche Rezepte seines Vaters in aktueller Version wieder aufleben

THE KNOLLS ★
(142–143 C–D5) (*Q7*)
Schöner kann der Ausblick kaum werden – und das Essen kaum besser. Sie sitzen auf der Terrasse des von Norman Foster restaurierten Kolonialbaus über dem Meer auf Sentosa. Nach dem Dinner lädt die ● INSIDER TIPP *Lounge im ersten Stock* zum entspannten Drink bei Kerzenschein. Die Küche ist modern asiatisch. *Tgl. 7–23 Uhr | im Hotel Capella auf Sentosa | Tel. 65 91 50 46 | www.capellahotels.com/singapore | von VivoCity (MRT CC 29, NE 1 Harbourfront) mit dem Sentosa-Express (S2 Imbiah) oder mit dem Bus, auch Abholservice*

INSIDER TIPP PRIMA TOWER REVOLVING RESTAURANT
(143 D2) (*Q5*)
In diesem Drehrestaurant können Sie mit Blick über den Hafen feine chinesische

67

RESTAURANTS €€

Küche genießen. Das Ambiente stammt aus den 1960er-Jahren, die Pekingente ist berühmt. Es empfiehlt sich, mittags zu kommen – wegen des Blicks und der günstigeren Preise. *Mo–Sa 11–14.30, So 10.30–14.30, tgl. 18.30–22.30 Uhr | 201 Keppel Road | Tel. 62 72 88 22 | www.pfs.com.sg | MRT NE 1 Harbourfront, dann Bus 10, 100 Richtung Innenstadt*

Fusionspezialist über den Dächern von Singapur: Justin Quek vom Sky on 57

SKY ON 57 (141 D3–4) (M K–L5)
Chef Justin Quek bietet Feinschmeckern eine französisch-asiatische Küche. Gratis dazu gibt es den atemberaubenden Blick vom *Skypark* des *Marina Bay Sands* hinab auf Stadt und Meer. Allein schon die *Bar (tgl. 11–23.45 Uhr)* ist ein Juwel. *Mo–Fr 7–10.30, Sa/So 7–11, tgl. 12–17 u. 18–22.30 Uhr | Sands Sky Park Tower 1 | #57 | im Marina-Bay-Sands-Komplex | Tel. 66 88 88 57 | www.marinabaysands.com/restaurants/sky-on-57.html | MRT CE 1, DT 16 Bay Front*

SUPERTREE BY INDOCHINE ★ (141 E4) (M L5)
Ein einzigartiger Ort: Den Supertree gibt es nur in den *Gardens by the Bay*. Auf zwei Etagen in den metallenen Tropenbäumen liegen Restaurant und Dachbar hoch über den Gärten. Besitzer Michael Ma, ein in Singapur zu Reichtum gekommener Laote, serviert Fusionküche mit laotischen, kambodschanischen und vietnamesisch-französischem Einfluss. *So–Do 12–1, Fr/Sa 12–2 Uhr | 18 Marina Gardens Drive | #03–01 | Gardens by the Bay | Tel. 66 94 84 89 | short.travel/sin13 | MRT CE 1, DT 16 Bayfront*

THE TIPPLING CLUB (140 A5) (M H6)
Wollen Sie Ihr Steak geschmolzen, ihren Fisch als Drink genießen? Dann sind Sie im Tippling Club gut aufgehoben – denn hier kocht Ryan Clift molekulares Essen. Mancher kommt auch nur wegen der **INSIDER TIPP** Cocktails. *Mo–Fr 12–15, Mo–Sa 18–open end | 38 Tanjong Pagar Road | Tel. 64 75 22 17 | www.tipplingclub.com | MRT EW 15 Tanjong Pagar*

RESTAURANTS €€

DIN TAI FUNG ★ (141 D3–4) (M K–L5)
Dim Sum live: Hier können Sie den Köchen auf die Finger schauen, während Sie in der Warteschlange für einen Tisch stehen. Das Warten lohnt: Die Teigklößchen sind köstlich, und der Service ist aufmerksam. *In vielen Malls, z. B. So–Do 10.30–22.30, Fr/Sa 10–23.30 Uhr | Marina Bay Sands | 2 Bayfront Av. | #B2–63 | Tel. 66 34 99 69 | www.dintaifung.com.sg | MRT CE 1, DT 16 Bayfront*

INSIDER TIPP EAST COAST SEAFOOD CENTRE (0) (M d4)
Für Singapurs Nationalgericht ● *Black Pepper Crab* finden Sie keinen besseren

ESSEN & TRINKEN

Ort. Die ganze Reihe von Restaurants entlang der Küste hat sich auf Meeresfrüchte spezialisiert. Der Blick auf das Meer ist romantisch. Die Restaurants indes bieten typisch chinesische Atmosphäre mit Plastikstühlen und Neonlicht. *1206 East Coast Parkway | am besten per Taxi*

THE INTAN ★ (0) (*d4*)

Hier tauchen Sie tief in die Peranakan-Kultur ein: Erst wird das authentische Haus gezeigt, dann folgt ein selbstgekochtes Peranakan-Mahl, zu Mittag, zum Tee oder Abendessen. Nur nach Voranmeldung. *69 Joo Chiat | Tel. 64 40 11 48 | MRT EW 7 Eunos, dann Bus 7, 24, 67*

INSIDER TIPP NANBANTEI
(133 E4) (*F1*)

In diesem Einkaufszentrum erwartet niemand ein gutes Restaurant. Und doch hat das japanische Grillrestaurant seine Stammkundschaft: Zu lecker sind frischer Lachs, in Speck gerollt, oder die rohen Makrelen. Aber hier geht es rustikal zu. Schön ist der Platz an der Theke, direkt am Holzkohlegrill. *Tgl. 12–14.30, 18–22.30 Uhr | 14 Scotts Road | Far East Plaza | #05–132 | Tel. 67 33 56 66 | www.nanbantei.com.sg | MRT NS 22 Orchard*

THE SONG OF INDIA ★
(133 E3) (*F1*)

Eines der edelsten indischen Restaurants der Stadt. Das alte Kolonialhaus besticht durch seinen Charme, die Inneneinrichtung mag manchem indes als kitschig gelten. Das Essen von Chefkoch Millind Sovani aber ist über jeden Zweifel erhaben. *Tgl. 12–15, 18–23 Uhr | 33 Scotts Road | Tel. 68 36 00 55 | www.thesongofindia.com | MRT NS 22 Orchard*

SPRING COURT (139 F3) (*H5*)

Singapurs ältestes Familienrestaurant, traditionelle chinesische Küche zu bo-

denständigen Preisen. Hier essen Einheimische gern Fischgerichte. *Tgl. 11–14.30, 18–22.30 Uhr | 52–56 Upper Cross Street | Tel. 64 49 50 30 | www.springcourt.com.sg | MRT NE 4, DT 19 Chinatown*

TRUE BLUE (140 B1) (*J3*)

Chef Baba Ben, wie Benjamin Seck liebevoll von den Singapurern genannt wird, kocht im traditionellen Peranakan-Stil – jener einzigartigen Mischung aus chinesischer, malaiischer und europäischer Küche. Die verwendeten Rezepte stammen noch von seiner Mutter Nonya Daisy Seah. Das Restaurant liegt passend neben dem Peranakan-Museum. *Tgl. 11–14.30, 18–21.30 Uhr | 47/49 Armenian Street | Tel. 64 40 04 49 | www.truebluecuisine.com | MRT CC 2 Bras Basah | MRT EW 13, NS 25 Cityhall, dann Bus 197*

THE WHITE RABBIT (132 A4) (*C2*)

Chefkoch Daniel Sia serviert in der einstigen Garnisonskapelle europäisch-moderne Gerichte mit stark britischem Einschlag. Viele Gäste kommen nur wegen der Cocktails. *Di–Fr 12–14.30, 18.30–22.30, Sa/So 10.30–14.30, 18.30–22.30 Uhr | 39c Harding Road | Dempsey Hill | Tel. 97 21 05 36 | www.thewhiterabbit.com.sg | MRT NS 22 Orchard, dann Bus 7, 77, 106, 123 ab Orchard Boulevard*

RESTAURANTS €

INSIDER TIPP 328 KATONG LAKSA
(142 A6) (*S2*)

Hier werden Sie keine Touristen treffen. Das beliebte Straßenrestaurant liegt im Herzen von Katong, dem alten Peranakan-Viertel Singaours. 328 Katong Laksa hat den „Laksa-Krieg" mit den benachbarten Restaurants für sich entschieden, die Singapurer kommen vom anderen

69

RESTAURANTS €

SPEZIALITÄTEN

Bah Kut Teh – scharfe Kräutersuppe mit Schweinefleisch und Innereien
Bak Kwa – Geraspeltes Schweinefleisch, mit Honig bepinselt, dann gegrillt, sieht nicht appetitlich aus, ist aber köstlich
Chai Tow Kway/Carrot Cake – Art Pfannkuchen mit Frühlingszwiebeln und süßer schwarzer Soße; nicht zu verwechseln mit dem gleichnamigen Kuchen
Char Kway Teow – gebratene, flache Nudeln mit süßer, schwarzer Sojasauce aus dem Wok, dazu chinesische Würstchen, Sojasprossen, Eier und Knoblauch
Chicken Rice – zart gekochtes Huhn mit verschiedenen Saucen – ein Gedicht. Ursprünglich aus der chinesischen Provinz Hainan, mittlerweile Singapurs Nationalgericht
Dim Sum – Teigtaschen mit Fleisch-, Krabben- oder Gemüsefüllung, gedämpft in den typischen Spankörbchen
Hokkien Mee – gelbe Nudeln, im Wok gebraten: mit Schweinefleisch oder Tintenfisch und viel Gemüse
Kaya Toast – süßer Frühstückspudding aus Milch und Ei mit Kokosmilch

Laksa – dick und gelb sind die Nudeln der berühmten scharfen Suppe, je nach Geschmack mit Huhn- oder Fischstückchen, dazu Tofuwürfel und Kokosmilch oder Tamarindensaft (Foto li.)
Nasi Lemak – klassisches malaiisches Frühstück aus in Kokosmilch gekochtem Klebreis, der in ein Bananenblatt gewickelt wird; serviert mit kleinen Sardinen und reichlich Chili
Rojak – tropischer Salat aus Gurke, Ananas, Mango, gegrilltem Tofu, Tamarindensaft, frittierten Teigstücken mit Garnelenpaste und gehackten Erdnüssen
Roti Prata – eine Art indischer Pfannkuchen aus dünnem Teig mit unterschiedlicher Füllung, meist vegetarisch. Mit Hammel- oder Huhnfüllung heißt der Pfannkuchen Murtabak; dazu meist mit Currysauce
Satay – Huhn-, Hammel-, Rind- oder Tintenfischstücke am Spieß, in scharfe Gewürze eingelegt und über Holzkohlen gegrillt, dazu Erdnusssauce, Gurke und rohe rote Zwiebeln (Foto re.)

Ende der Stadt, um hier für 4 S$ die köstliche Suppe zu schlürfen. *Tgl. 8–22 Uhr | 51–53 East Coast Road/Ceylon Road | Bus 14 von Orchard Road*

BROTZEIT (142 C2) (*D8*)
Haben Sie keine Lust mehr auf Reis und Hühnchen, gehen Sie zu Brotzeit in Vivo City. Hier gibt es Schmalz- und Leber-

www.marcopolo.de/singapur

ESSEN & TRINKEN

wurststullen zu fairen Preisen – und den Blick aufs Wasser kostenlos dazu. *Mo–Do 12–24, Fr–Sa 12–1.30, So 11–24 Uhr | 1 Harbourfront Walk | Vivo City | #01–149–151 | Tel. 62 72 88 15 | www.brotzeit.co | MRT NE 1, CC 29 Harbourfront | Filialen: im 313@Somerset (Orchard Road) und im Einkaufszentrum Raffles City*

INSIDER TIPP NEW EVEREST KITCHEN
(134 C3) (*M J1*)

Schlichtes Ambiente, aber leckere nepalesisch-tibetische Küche: Wer hier isst, fühlt sich wie am Fuße der Achttausender. Die mit Fleisch gefüllten *Momos* (Teigtaschen) sind genauso lecker wie die *Ladyfingers* (gebackene Okraschoten). Im Herzen von Little India gelegen. *Mi–Mo 11–15, 17–23 Uhr | 518 Macpherson | Tel. 68 44 41 70 | www.neweverestkitchen.com*

KOMALA VILAS RESTAURANT
(134 C4) (*M J1*)

Beliebtestes und wohl bestes indisch-vegetarisches Restaurant. Hier finden Sie alle indischen Brotsorten, alle Reisegerichte, Linsen und Spinat in vielen Variationen. *Tgl. 11–15.30, 18–22.30 Uhr | 76–78 Serangoon Road | Tel. 62 93 69 80 | www.komalavilas.com.sg | MRT NE 7 Little India*

INSIDER TIPP OUR VILLAGE
(140 B3) (*M J5*)

Die unschlagbare Kombination von gutem Essen und phantastischer Aussicht bietet dieses Restaurant im fünften Stock eines shophouses am Boat Quay. Den Trubel verlassen Sie, wenn Sie auf die gemütliche Dachterrasse treten. Aufgetischt werden nordindische Gerichte sowie Speisen aus Sri Lanka. *Tgl. 18–23.30 Uhr | Mindestverzehr 35 S$ pro Person | 46 Boat Quay | Tel. 65 38 30 58 | MRT EW 14, NS 26 Raffles Place*

SINGAPORE ZAM ZAM
(135 E5) (*M K2*)

Ein alteingesessenes arabisches Restaurant gegenüber der Sultans Moschee: Die Welt des *Murtabaks*, frischgebackener, salziger Pfannkuchen mit Lammhack, Zwiebeln oder Ei. *Tgl. 8–23 Uhr | 697 Northbridge Road | Tel. 62 98 62 30 | MRT DT 14, EW 12 Bugis*

INSIDER TIPP TRAPIZZA
(142 B4) (*M P6*)

Der Name vereint Trapez und Pizza: Zum Restaurant gehört Singapurs erste Trapezschule. Mitten auf dem Sandstrand von Sentosa führt das Hotel Shangri-La beides. Tische und Stühle der einfachen Pizzeria stehen auf Sand, das Essen ist lecker und der Blick schweift über das Meer mit seinen Schiffen, die zum Greifen nah liegen. *Tgl. 11.30–21.30 Uhr | 101 Siloso Road | Sentosa | Tel. 63 76 26 62 | MRT NE1 Harbourfront, von dort Bus (blaue/rote/grüne Linie) bis Endstation Siloso Beach*

LOW BUDGET

Besuchen Sie eines der unzähligen *hawker centres*. Sie liegen an Straßenkreuzungen oder in den Tiefgeschossen praktisch aller Einkaufsmeilen. Hier können Sie ab 4 S$ je Gericht alle Köstlichkeiten Asiens probieren. Sorgen brauchen Sie nirgends zu haben. Die *hawker* werden streng kontrolliert.

Haben Sie Durst, fragen Sie stets nach ● *ice water*. Das kühle Nass wird im tropischen Stadtstaat fast immer kostenlos zum Essen gereicht – bei Touristen aber gern vergessen. Sauber ist es auf jeden Fall.

71

EINKAUFEN

WOHIN ZUERST?
Orchard Road (133 D–F 4–5, 134 A–B 5–6) *(E–H 1–3)*: Beginnen Sie den Bummel auf einer der schönsten Einkaufsstraßen der Welt. Allerdings werden Sie nicht lange „über Tage" bleiben: Wegen der Hitze und der heftigen Regenfälle findet Singapurs Einkaufserlebnis vor allem in den klimatisierten Shoppingmalls statt. Fangen Sie in den Luxusläden im **ION Orchard** an, ziehen Sie unter- oder überirdisch weiter bis zum Kaufhaus **Takashimaya** an Hunderten von Geschäften vorbei. Überqueren Sie die Straße, landen Sie bei **The Paragon** oder **Tangs**.

Das Klingeln der Einkaufskassen halten viele für die heimliche Nationalhymne des Stadtstaats.

Die bekannteste Shoppingmeile ganz Singapurs ist die ● *Orchard Road* (133 D–F 4–5, 134 A–B 5–6) *(E–H 1–3)*. Es gibt fast nichts, was es hier nicht gibt. Mehr als 40 Einkaufszentren mit mehreren Kaufhäusern und Hunderten, wenn nicht Tausenden von Einzelhandelsgeschäften liegen allein in diesem Stadtteil, Tendenz steigend. Das gilt auch für den übrigen Innenstadtbereich; sogar das Kulturzentrum *Esplanade* besitzt eine ganze Reihe kleiner Boutiquen. Für Freunde des Luxus wird *Marina Bay Sands* zur ersten Adresse, das Architektur-Highlight *Vivo City* bietet Geschäfte mit Meerblick.

Geldausgeben als Lebenselixier: Ich kaufe ein, also bin ich – so lautet das Motto für das liebste Freizeitvergnügen der Singapurer

In den meisten Malls sind internationale Ketten wie Body Shop, Uniqlo und Zara zu finden. Geöffnet ist an sieben Tagen in der Woche, meist von 10–22 Uhr. Saisonal, etwa vor den wichtigen Festen Weihnachten oder Chinese New Year, haben die großen Einkaufszentren bis 23 Uhr geöffnet.

Auch heute lassen sich noch Schnäppchen – auch in Abhängigkeit vom Wechselkurs – machen: Damenschuhe und Kleidung sind oft billiger als in Europa, Elektronikwaren wie Kameras und CDs ebenfalls. Wo Preise aber scheinbar unter den Einkaufspreisen der Händler liegen, stimmt etwas nicht. Bei der vermeintlich supergünstigen Videokamera fehlen dann das Zubehör und die internationale Garantie. Oder will man Ihnen Dinge, die gerade nicht im Laden sind, ins Hotel bringen, so blicken Sie am Ende verdutzt auf Waren, die Sie so nie kaufen wollten. Deshalb: Zahlen Sie nie vor Erhalt der Ware. In kleineren Geschäften können Sie kräftig handeln. Die großen Kaufhäuser in der Innenstadt ha-

73

BÜCHER

ben in der Regel Festpreise. Diese liegen 10–20 Prozent über dem, was durch langwieriges Handeln anderswo herauszuholen ist. Um Ärger zu vermeiden achten Sie auf die Zeichen „case trust" und „QJS" an den Läden – die Verbraucherschutzorganisation und die Vereinigung der Juweliere vergeben diese Plaketten, um Qualität zu garantieren. Haben Sie gleichwohl Beschwerden, wenden Sie sich an die kostenfreie Tourist-Hotline *(Mo–Fr 9–18 Uhr | Tel. 1800 7 36 20 00)*.

terminals zum Self-Help-Kiosk und lassen sich den Steuerbetrag auf Ihrem Kreditkartenkonto gutschreiben. Alle Einzelheiten finden Sie unter *short.travel/sin19*.

BÜCHER

INSIDER TIPP ▶ BOOKS ACTUALLY
(138 C4) (*F5*)

Die literarische Buchhandlung ist zugleich Stadtteiltreff. Gelegen in einer der schönsten Straßen Singapurs kann man

Wo Shoppen zur Kunst erhoben wird: kunterbunte Skulpturengruppe am Eingang zur ION-Mall

Auf die meisten Waren und Dienstleistungen wird eine siebenprozentige Mehrwertsteuer (Goods and Services Tax – GST) aufgeschlagen. Besucher können sich die Steuer für Einkäufe im Wert ab 100 S$ erstatten lassen. 2012 hat Singapur die elektronische Abrechnung für die Steuererstattung *(tax refund)* eingeführt. Im jeweiligen Geschäft bekommen Sie außer der Quittung ein „e-TRS-Ticket" ausgehändigt, wenn Sie Ihren ausländischen Pass vorlegen. Damit gehen Sie am Flughafen oder an den Kreuzfahrt-

hier und in den Cafés nebenan an einem Samstagmorgen die Zeit vergessen. *So/Mo 10–18, Di–Sa 10–20 Uhr | 9 Yong Siak Street | www.booksactually.com | MRT EW 17 Tiong Bahru*

KINOKUNIYA ★ (133 E5) (*F–G2*)

Gilt als größter Buchladen Südostasiens und hat sogar einige deutsche Bücher. Große Auswahl an zeitgenössischer asiatischer Literatur in englischer Sprache. *391 Orchard Road | #04–20B/C | Ngee Ann City | MRT NS 22 Orchard*

EINKAUFEN

TIMES (133 F5) (*ΩΩ G2*)

Lokale Buchhandelskette mit englischsprachiger Literatur, vielen Zeitschriften und Schreibwaren. Viele Outlets, z. B. Times Bookstores at Centrepoint. *176 Orchard Road | Centrepoint | #04–08/09/10/11 | www.timesbookstores.com.sg | MRT NS 23 Somerset*

DAMENSCHUHE

Eines der vielen Schnäppchen, die Sie in Singapur machen können: Damenschuhe. Topaktuell und meist halb so teuer wie in Deutschland. Allerdings reicht das Sortiment meist nur bis Größe 40. Die beste Auswahl bieten die Schuhabteilungen der Kaufhäuser *Metro* (133 F4–5) (*ΩΩ G2*) *(290 Orchard Road | im Paragon)*, *Tangs Orchard* (133 E4) (*ΩΩ F2*) *(310 Orchard Road)* und *Takashimaya* (133 E5) (*ΩΩ F2*) *(391 Orchard Road | Ngee Ann City)*. Alle: *MRT NS 22 Orchard*

EINKAUFSZENTREN

313@SOMERSET ★ (133 F5) (*ΩΩ G2*)

Das Kaufhaus wird zur Lieblingsadresse der Singapurer: Bietet es doch auf vier Fluren die besten Geschäfte der Stadt. Und noch viel mehr: Der *food court Food Republic* im fünften Stock entführt Sie in verschiedene Länder Asiens, die Restaurants *Brotzeit* und *Marché* bedienen auch den europäischen Geschmack. *313 Orchard Road | www.313somerset.com.sg | MRT NS 23 Somerset*

THE CATHAY (134 B5–6) (*ΩΩ H–J3*)

In diese Mall strömt die Jugend von Singapur. Das neue Einkaufszentrum hinter der Art-déco-Fassade eines Filmtheaters von 1935 bietet unter dem Dach Spielsalons und Kinos, auf den unteren Etagen Boutiquen. *2 Handy Road | MRT CC 1 NS 24 NE 6 Dhoby Ghaut*

ION ORCHARD ★ ● 〜

(133 E4) (*ΩΩ F2*)

Hier gibt es den Luxus der ganzen Welt. Im Aushängeschild der Orchard Road können Sie Tage verbringen. Restaurants, ein *food court* im Keller und eine Post. Das Design ist hochmodern. Sie werden sich verlaufen – was durchaus gewollt ist. *2 Orchard Turn | www.ionorchard.com | MRT NS 22 Orchard*

MARINA BAY SANDS ★

(141 D3–4) (*ΩΩ K–L5*)

Hier finden Sie sämtliche Luxusmarken der Welt unter einem (großen) Dach.

MARCO POLO HIGHLIGHTS

★ **Kinokuniya**
Für Bücherwürmer – nicht nur an Regentagen → **S. 74**

★ **313@Somerset**
Eine Lieblingsadresse der Singapurer → **S. 75**

★ **ION Orchard**
Singapurs Edelmeile mit mehr als 300 Geschäften → **S. 75**

★ **Marina Bay Sands**
Neueste und luxuriöseste Einkaufmeile: Hier können Sie sich einen Tag lang verlieren → **S. 75**

★ **Tanglin Village (Dempsey Hill)**
Wo früher Soldaten exerzierten, trifft sich heute die Szene → **S. 80**

★ **Mustafa**
Hier bekommen Sie rund um die Uhr alles, was Sie jemals kaufen wollten → **S. 80**

EINKAUFSZENTREN

Energiesparend: Auf der MBS-Schlittschuhbahn gleiten die Kufen auf Kunststoff, nicht auf Eis

Selbst ein Stück Venedig wurde kopiert: Auf einem Kanal in der Mitte des Baus schippern Sie fast echte Gondolieri. Nur scheinbare Abkühlung bietet die hauseigene Schlittschuhbahn: Ihre Fläche ist aus Kunststoff statt aus Eis. Auf einer Insel in der Marina Bay befindet sich der spektakuläre Laden von Louis Vuitton. An Spitzenrestaurants herrscht kein Mangel, im hinteren Bereich der Mall gibt es aber auch preiswertere Laden- und Restaurantketten. *www.marinabaysands.com | MRT CE 1, DT 16 Bayfront*

NGEE ANN CITY (133 E5) (*F–G2*)
Ein Flügel des gigantischen Konsumtempels ist von der japanischen Warenhauskette *Takashimaya* belegt. In den oberen Etagen sind die exklusiven Boutiquen von Armani & Co. zu finden, in den Kellerstockwerken junge Mode von der Stange. Außerdem unter diesem Dach: gute Restaurants, Friseure, die riesige Buchhandlung Kinokuniya und Galerien. Zu den chinesischen Feiertagen werden im Keller von Takashimaya viele Stände mit heimischen Delikatessen aufgebaut, wo Sie oft kostenlos probieren dürfen. *391 Orchard Road | MRT NS 22 Orchard oder mit Bus 7, 77 von Orchard Boulevard*

ROBINSONS THE HEEREN
(133 F5) (*G2*)
Das neue Edelkaufhaus der Kette Robinsons bietet feine Waren aus aller Welt, auch Marken, die es sonst nirgendwo in Singapur gibt. Die Auslagen sind sehr stilvoll gestaltet. *260 Orchard Road | www.robinsons.com.sg | MRT NS 23 Somerset*

TANGLIN MALL (132 C4) (*E2*)
Hier treffen sich morgens viele Ehefrauen der Geschäftsleute aus dem westlichen Ausland zum Kaffeetrinken und Einkaufen. Sie wissen warum: Bei *Shopping at Tiffany's* und *N's Boutique* gibt es **INSIDER TIPP** Designerkleidung zu Outlet-Preisen. *Tgl. 10–21 Uhr | 163 Tanglin Road | MRT NS 22 Orchard, dann Bus 7, 77, 123 ab Orchard Boulevard*

EINKAUFEN

INSIDER TIPP ▸ **YUE HWA**
(140 A3) (ΩΩ H5)

Das chinesische Kaufhaus hinter der Originalfassade versprüht innen noch den Charme der 1980er-Jahre. Nur hier, mitten in Chinatown, finden Sie gut sortiert echtseidene Wäsche, *Chongsams* (chinesische Kleider) und traditionelle chinesische Medizin. *70 Eu Tong Sen Street | MRT NE 4, DT 19 Chinatown*

ELEKTRONIK

Wer Festpreise schätzt, versucht sein Glück bei den Ketten *Best Denki*, *Challenger* oder *Harvey Norman*, die viele Filialen in den großen Einkaufszentren unterhalten. Fotofachgeschäfte bieten professionelle Beratung. Vorsicht bei Käufen in den *Orchard Towers* (133 D4) (ΩΩ F1) und *Lucky Plaza* (133 E4) (ΩΩ F2), Sie könnten übers Ohr gehauen werden.

FUNAN IT MALL (140 B1–2) (ΩΩ J4)
Die Funan IT Mall bietet sich vor allem für Käufer an, die auf der Suche nach Zubehör zu Computern oder Kameras sind. *109 North Bridge Road | MRT EW 13, NS 25 City Hall*

LORDS CAMERAS AND WATCHES
(133 E4) (ΩΩ F2)
Eine Ausnahme im Lucky Plaza: Kameras zu fairen Preisen, mit verlässlichem Service – trotzdem das Handeln nicht vergessen. *304 Orchard Road | #01–79 | Lucky Plaza | MRT NS 22 Orchard*

SIM LIM SQUARE
(134–135 C–D5) (ΩΩ J2)
Wie die Funan IT Mall eine Adresse, bei der Singapurs Computerexperten einkaufen. Sim Lim Square ist ein riesiges Kaufhaus, vom Tiefkeller bis unter das Dach vollgestopft mit lauter Elektronik- und Computerläden. Die Preise hier liegen in

der Regel fest – ein bisschen Rabatt können Sie aber fast immer noch herausholen. 2015 gab es manche Klagen über Händler und Polizeieinsätze. *1 Rochor Canal Road | MRT EW 12 Bugis*

KLEIDUNG

Internationale Markenware gibt es in allen Shoppingmalls und natürlich in den Geschäften entlang der *Orchard Road* und der *Scotts Road*. Superbillige T-Shirts bekommen Sie vor allem in den Läden *Little Indias* und in *Bugis Village (4 New*

LOW BUDGET

Sportschuhe, aber auch Brillen, werden im **INSIDER TIPP** ▸ *Queensway Shopping Centre (1 Queensway/Alexandra Road)* (136 B2–3) (ΩΩ A4) mit deutlichem Nachlass im Vergleich zu den Sportläden in der Stadt verkauft. Die Atmosphäre ist einzigartig. Sie müssen handeln. Per Taxi

Song & Song-Läden sind hässlich, es geht nur um den Preis. Wo sonst finden Sie Adidas-Trikots für 15 S$ oder Nike-Tennisröcke für 20 S$. Das Angebot wechselt täglich. Z. B. *304 Orchard Road* (133 E4) (ΩΩ F2) *(Lucky Plaza | MRT NS 22 Orchard), 245a Holland Av.* (0) (ΩΩ c4) *(MRT CC 21 Holland Village)*

Leseratten müssen Bücher und Zeitungen nicht unbedingt kaufen. Setzen Sie sich zum Schmökern einfach in die große Buchhandlung *Kinokuniya (391 Orchard Road | Ngee Ann City | #04–20B/C | MRT NS 22 Orchard)*.

KUNST & ANTIKES

Bugis Street | MRT EW 12, DT 14 Bugis).

INSIDER TIPP **Große Größen** finden Sie bei *Marks & Spencer, Robinsons The Heeren , Metro* im Paragon und im *Holland Road Shopping Centre*. Singapur fördert massiv junges Design, auch in der Mode. Die oft hochinteressanten Labels der heimischen Modeschöpferinnen finden sich auf *short.travel/sin21*.

BRITISH INDIA (141 D3–4) (ᗰ K–L5)
Hier herrscht der Charme der Kolonialherren. Die Marke mit dem Elefanten bietet exquisite Mode mit einem Hauch von Tropenkleidung. Sie ist teuer, einige Stücke aber sind ausgefallen. *So–Do 10–23, Fr/Sa 10–24 Uhr | 2 Bayfront Av. | #B1–81 | The Shoppes at Marina Bay Sands | MRT CE 1, DT 16 Bayfront*

LOUIS VUITTON (141 D3) (ᗰ K5)
Es gibt unzählige Luxusgeschäfte in Singapur. Aber nur eins, das im Wasser schwimmt. Der Flagshipstore der französischen Marke ist über einen Unterwassertunnel zugänglich oder über eine Außentreppe. Im Tunnel finden Sie eine kleine Buchhandlung mit Reiseliteratur der Marke. *So–Do 10–23, Fr–Sa 10–24 Uhr | 2 Bayfront Av. | #B1–38/39, #B2–36/37/37 A | Crystal Pavilion North | MRT CE 1, DT 16 Bayfront*

ONG SHUNMUGAM (140 B4) (ᗰ J5)
Die prämierte Cheongsam-Mode (chinesische Kragenkleider) des Singapurer Designers ist nicht billig, aber ihr Geld wert. *16 Raffles Quay | #B1–36 | Hong Leong Building | ongshunmugam.com | MRT EW 14, NS 26 Raffles Place*

SHANGHAI TANG (133 E5) (ᗰ F–G2)
Die Singapurer Niederlassung der Modekette aus Shanghai bietet alles, was es auch im Originalgeschäft gibt: teure Mode mit einem Touch Exotik, in den Farben Asiens. Shanghai Tang wurde von dem Hongkonger Geschäfts- und Lebemann David Tang Wing-Cheung gegründet und versteht sich als erste globale Lifestyle-Marke aus dem Reich der Mitte. *391 Orchard Road | #03–06/07 | Ngee Ann City | MRT NS 22 Orchard*

TONG TONG FRIENDSHIP STORE (135 D6) (ᗰ K3)
Hier gibt es preiswerte und modern interpretierte chinesische Cheongsams, oft mit großen graphischen Mustern. Die Designerin surft erfolgreich zwischen westlichem und östlichem Stil. *100 Beach Road | #01–04 | Shaw Towers | www.tongtong.sg | MRT CC3 Esplanade*

KUNST & ANTIKES

Chinatown bietet vor allem an der *South Bridge Road* (140 A3–4) (ᗰ H5) und an der *Pagoda Street* (140 A3–4) (ᗰ H5) zahlreiche Geschäfte zum Schauen und zum Stöbern. Auch das *Tanglin Shopping Centre* (133 D4) (ᗰ E1) ist eine gute Adresse für Buddhafiguren und südostasiatische Kunst. Interessant ist auch das neue *National Design Centre* (135 D6) (ᗰ K3) (tgl. 9–21 Uhr | 111 Middle Road) mit seinen Wechselausstellungen in einem alten Kolonialbau.

ART PLURAL GALLERY (140 B1) (ᗰ J3)
Der Schweizer Kunsthändler Frédéric de Senarclens hat hier, mitten im Museumsviertel, eine der wichtigsten Galerien der Stadt für moderne Kunst eröffnet. Er zeigt nicht nur asiatische Kunst. *38 Armenian Street | www.artpluralgallery.com | MRT EW 13, NS 25 City Hall*

GILLMAN BARRACKS (136 B5) (ᗰ A6)
Das Kunstquartier Singapurs könnte schöner nicht liegen: Mitten im Dschungel wurden mit Staatshilfe 17 Galerien

78   www.marcopolo.de/singapur

EINKAUFEN

in renovierten Militärgebäuden angesiedelt. Unter ihnen zwei deutsche. Besonders interessant sind Führungen und die Galerienächte. Mit Restaurant. *Di–So 12–19 Uhr, bei Sonderveranstaltungen auch länger | 9 Lock Road | www.gillmanbarracks.com | MRT CC 27 Labrador Park | Bus 175 gegenüber Alexandra Point, Bus Stop Nr. 15 059*

RENAISSANCE ANTIQUE GALLERY
(133 D4) (*E1*)

Hier gibt's feine und teure Sammlerstücke aus Myanmar (Burma) und China. *Mo–Sa 12–18 Uhr | 19 Tanglin Road | #02–32 | Tanglin Shopping Centre | www.tomlinson-collection.com | MRT NS 22 Orchard, dann Bus 36 ab Orchard Boulevard*

TANGLIN SHOPPING CENTRE
(133 D4) (*E1*)

Naga Arts and Antiques, *Apsara* und *Antiques of the Orient* gibt es in dieser Mall. Antiques of the Orient bietet außer Antiquitäten auch alte Landkarten und Fotos. *19 Tanglin Road | MRT NS 22 Orchard, dann Bus 36 ab Orchard Boulevard*

MÖBEL

Ein Ausflug nach Chinatown lohnt sich auch, wenn man auf der Suche nach Möbeln ist. Nur wenige Stücke sind noch antik – aber auch die reproduzierten Schränkchen können sehr hübsch sein.

INSIDER TIPP JUST ANTHONY
(O) (*d3*)

Eine Singapurer Institution. Große Lagerhalle mit restaurierten chinesischen Möbeln und Nachbauten aus altem Holz, außerhalb des Zentrums. *Tgl. 9–18.30 Uhr | 379 Upper Paya Lebar Road | www.justanthony.com | MRT NE 12, CC 13 Serangoon, dann Bus 22, 43, 58*

INSIDER TIPP TAN BOON LIAT BUILDING
(138–139 C–D 2–3) (*F4*)

Eine gute Adresse mit einer großen Auswahl alter und reproduzierter Möbel,

Insel der Taschen: Louis Vuitton logiert auf einem Eiland in der Marina Bay

79

SCHNEIDER & STOFFE

Accessoires und Teppichen in einem gesichtslosen Fabrikgebäude. Empfehlenswert sind die Läden *Journey East*, *Asia Passion*, *Red House*, *Eastern Discoveries* und *Fair Price Antiques*. Aber Sie müssen über die Preise verhandeln. *Tgl. ab 12 Uhr | 315 Outram Road | MRT EW 16, NE 3 Outram Park*

Seide satt im People's Park

TANGLIN VILLAGE (DEMPSEY HILL) ★
(132 A5) (*C2*)

In die Baracken des früheren Militärgeländes ziehen zwar mehr und mehr Restaurants ein. Noch aber gibt es Antikläden und Galerien. Für die Rast zwischendurch gibt es eine Fülle guter Restaurants, Cafés und Weinstuben. *Schräg gegenüber Botanic Gardens | MRT NS 22 Orchard/Orchard Boulevard | dann Bus 7, 77, 106, 123, 174*

SCHNEIDER & STOFFE

Meiden Sie die 24-Stunden-Offerten, sonst ärgern Sie sich später über schiefe Nähte und falsche Passform. Schnell und gut arbeiten die meisten Schneider in den großen Arkaden der Hotels. Ein Qualitätsanzug als Maßarbeit kostet in Singapur ab etwa 500 S$ aufwärts. Die beste Auswahl an Stoffen, vor allem die grellen Stoffe aus Indien, Seiden und Batiken, finden Sie auf der *Arab Street* (135 D4–E5) (*H2*) (MRT EW 12, DT 14 Bugis)

INSIDER TIPP CYC (140 C1) (*K3*)
Bei Singapurs ältestem Hemdenschneider bleiben keine Ihrer Wünsche offen. Ab gut 130 S$ bekommen Sie hier nicht nur die besten Herrenhemden der Stadt, sondern auch gute Damenblusen. Auch Jahre später noch bietet der Schneider den Austausch von Kragen und Manschetten an. *328 Newbridge Road | #02–12 | Raffles Hotel Arcade | MRT EW13, NS5 City Hall*

MUSTAFA ★ (135 D3) (*K1*)
Ein riesiges, chaotisches, indisches Kaufhaus, rund um die Uhr geöffnet. Vor allem die Stoffabteilung kann sich sehen lassen, und die Schneider stehen Spalier. *320 Serangoon Road | www.mustafa.com.sg | MRT NE 8 Farrer Park*

INSIDER TIPP PEOPLE'S PARK
(139 F3) (*H5*)

Für wahre Entdecker: Im Stoffmarkt von Chinatown können Sie nach Herzenslust stöbern und feilschen. Seide und Batik werden vor Ort geschneidert, kleine Stände bieten dazu die schönsten Knöpfe an. Viele Läden öffnen erst nachmittags. *100 Upper Cross Street | MRT NE 4, DT 19 Chinatown*

ROSSI (141 D1) (*K3–4*)
Seit drei Generationen ist man hier im Singapurer Schneider-Geschäft. Die Verarbeitung der edlen italienischen Stoffe aber dauert. *9 Raffles Blvd. | #1–36 | Mil-*

EINKAUFEN

lenia Walk | Tel. 63 34 18 00 | MRT CC 4, DT 15 Promenade

SOUVENIRS

Handgeschnitzte, bunt bemalte Früchte und Tiere aus Holz oder Stockpuppen aus Indonesien, Zinnwaren aus Malaysia oder chinesische Siegelstempel, Porzellanfiguren, Tischsets und Jade in fast jeder Form gibt es in den vielen kleinen Shophouses in Chinatown. Beliebt sind auch Kräutertees als Mitbringsel. Auch Little India mit Arab Street und Bugis sind Schatztruhen für Reisesouvenirs.

CHOCOLATE RESEARCH FACILITY (141 D1) (*∅ K3–4*)

Mögen Ihre Freunde Schokolade mit Sichuan-Pfeffer oder schwarzem Sesam? Kaufen Sie sie in einem Laden, der so gar nicht nach Konfiserie aussieht, sondern den weiß gekachelten Charme eines Labors verströmt. Die (teuren) Tafeln hingegen sind hübsch verpackt und ein schönes Mitbringsel. Über 100 Sorten stehen zur Auswahl. *9 Raffles Blvd. | #01–30 | Millenia Walk | MRT CC 4, DT 15 Promenade*

EU YANG SAN (140 A4) (*∅ H5*)

Ein Geschäft für traditionelle chinesische Kräutermedizin, das 1879 gegründet wurde. *269 South Bridge Road | MRT NE 4, DT 19 Chinatown*

LITTLE INDIA ARCADE (134 C4) (*∅ J2*)

Dieses Marktgeviert quillt über vor Stoffen, Pashmina-Tüchern, Modeschmuck und indischen Handarbeiten. Hier findet sich bestimmt ein ausgefallenes Mitbringsel. Besonders schön sind die hier angebotenen INSIDER TIPP Henna-Tattoos, die für wenig Geld aus freier Hand auf die Haut gemalt werden. *48 Serangoon Road | MRT NE 7 Little India*

PRINTS (133 E4) (*∅ F2*)

Sie haben Ihr Singapur-Tagebuch schon bald voll geschrieben? Bei Prints gibt es Ersatz – und das in Hülle und Fülle. Die kleinen Läden bieten die schönsten Tage- und Notizbücher, Fotoalben und Taschenkalender – billig indes sind sie nicht. Z. B. *ION Orchard | 2 Orchard Turn | #04–26 | www.prints-international.com | MRT NS 22 Orchard*

RAFFLES HOTEL SHOP (140 C1) (*∅ K3*)

Das Geschäft im exklusiven Raffles Hotel verkauft geschmackvolle, aber nicht eben preiswerte Souvenirs. *1 Beach Road | MRT EW 13, NS 5 City Hall*

RISIS

Wollen Sie eine der Orchideen Singapurs für immer mit nach Hause nehmen? Dann sind Sie bei *Risis* richtig: Hier bekommen Sie Singapurs Nationalblume mit Gold überzogen. Filialen: *Singapore Botanic Gardens* (132 A2) (*∅ C1*) (*Cluny Road | MRT NS 22 Orchard | dann Bus 7, 77, 106 ab Orchard Boulevard*), *Kaufhaus C. K. Tangs* (133 E4) (*∅ F2*) (*310 Orchard Road | #B1–17 | MRT NS 22 Orchard*)

ROYAL SELANGOR (141 D3–4) (*∅ K–L5*)

Die traditionelle Zinnwerkstatt hat ihren Ursprung im malaiischen Kuala Lumpur. Nachdem sie jahrelang nur verstaubte Bierkrüge und Kitsch verkaufte, haben australische Designer das Programm auf Vordermann gebracht. Z. B. *10 Bayfront Av. | #B2–92 | Marina Bay Sands | www.royalselangor.com | MRT CE 1 Bayfront*

SIFR AROMATICS (135 E5) (*∅ K2*)

Hier bekommen Sie Parfumöle in allen Duftmischungen, selbst hergestellt von dieser Singapurer Institution. Ein besonderes Souvenir. *42 Arab Street | MRT EW 12, DT 14 Bugis*

81

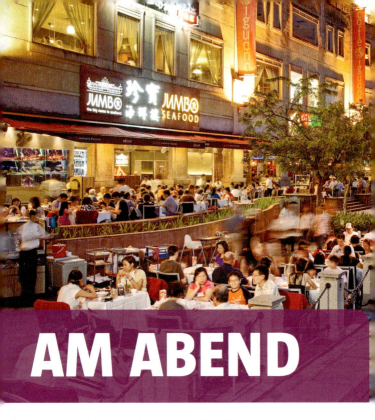

AM ABEND

🏙 WOHIN ZUERST?
Dachterrasse des Fullerton Bay Hotels (140 C3) *(📍 J–K5)*: Die schlechte Nachricht – Sie haben die Auswahl zwischen einem guten Dutzend Stadtviertel, in denen Sie sich abends amüsieren können. Die gute Nachricht: Sie können nichts falsch machen – es gibt alles, wonach Ihnen auch immer der Sinn stehen mag. Beginnen sollten Sie auf der *Dachterrasse des Fullerton Bay Hotels* mit vielen Abend-Spots in Fußweite. Aber: Das Risiko ist hoch, dass Sie einfach sitzenbleiben. Mancher hat hier oben schon mehr als die halbe Nacht verbracht.

Einst klang schon der Name verheißungsvoll: Machten die Briten sich doch einen Spaß daraus, „Singapur" in „sin galore" – „Sünde satt" umzuformen.

Damit aber hatte es sich spätestens nach der Unabhängigkeit des Stadtstaates im Jahr 1965: Die neue Regierung räumte auf, führte die Zensur ein, bestrafte Drogenhandel mit dem Tod und zerschlug die Verbrecherbanden. Damit wurde die Stadt zu einer der sichersten der Welt. Aus Sicht mancher Besucher und Bewohner aber auch ziemlich langweilig. Diese Zeiten sind vorbei. Spätestens mit dem ersten Nachtrennen der Formel 1 im Jahr 2009 zeigte Singapur, was in ihm steckt: eine Tropenmetropole, die rockt. Die aus lauen Abenden lange Nächte macht. Und in der nach Einbruch der Dunkelheit jeder

Bild: Ausgehmeile Clarke Quay

Spaß ohne Ende: Swinging Singapore ist auf dem besten Weg zur global angesagten Partymetropole

das findet, was er sucht. Nach einigen lächerlich anmutenden Versuchen hat die Regierung ihr Image als Spaßbremse abgelegt. Denn neue Touristen und auch die Spieler im Kasino bringen Geld. So wurde die Idee vom „swinging Singapore" geschaffen. Das Konzept scheint aufzugehen: Ohne Unterlass sprießen neue Bars, Kneipen und Clubs aus dem Boden. Auch das Kulturangebot ist heute groß und vielfältig. Veranstaltungshinweise finden Sie in der lokalen Presse, wie zum Beispiel in der *Straits Times*.

Besser noch ist das Magazin *Timeout*, das es an jedem Kiosk gibt.

Die Stadt bietet eine ganze Reihe von Kneipen- und Vergnügungsvierteln, die von sehr unterschiedlichem Publikum frequentiert werden: Die laute – und teilweise überzogen teure – Ausgehmeile der Stadt liegt am *Boat Quay* **(140 B–C 2–3)** *(Ⓜ G4–5)*. Treffpunkt der Szene wird mehr und mehr der ⭐ *Clarke Quay* **(140 A2)** *(Ⓜ H4)* und *Robertson Quay* **(139 D2)** *(Ⓜ G4)*, ein paar Hundert Meter flussaufwärts. Das ältere Pub-

83

BARS & KNEIPEN

Alles selbst gebraut: Brewerkz

likum bevorzugt *Tanglin Village (Dempsey Hill)* (132 A4–5) (*C2*) mit seinen Bars, Kneipen und Restaurants. Unter Tropenbäumen bieten die ehemaligen Kasernen rustikalen Charme und Haute Cuisine. Die Jugend Singapurs trifft sich bis weit nach Mitternacht in den Bars entlang der *Mohamed Sultan Road* (139 E1–2) (*G4*). Das Viertel um die *Duxton Road* (139 E–F5) (*H6*) in Chinatown und die nahe gelegene *Club Street* (139 F4) (*H5*) bevorzugen die Neureichen der Stadt und die Expats. Immer interessanter werden *Kampong Glam* und *Little India* für die experimentierfreudige und alternative Szene.

Eher Touristen zieht es in die Cafés am *Emerald Hill* (133 F5) (*G2*) an der Orchard Road. Das ehemalige Kloster *Chijmes* (134 C6) (*J3*) mit seinen Restaurants und Bars hingegen wird von allen gleichermaßen geschätzt. Direkt gegenüber, im altehrwürdigen *Raffles Hotel* (140 C1) (*K3*), liegt die *Long Bar*. Hier wurde 1915 zum ersten Mal der *Singapore Sling*, Singapurs Nationalcocktail, gemixt. Heute schmeckt er zwar in anderen Bars besser – trotzdem lohnt die Long Bar den Besuch schon wegen ihrer Aura.

BARS & KNEIPEN

Kneipen werden in Singapur ganz britisch „Pubs" genannt. Die hohen Preise fast aller zentral gelegenen Etablissements werden in der *Happy Hour* erträglicher. In einigen Lokalen gibt es dann Rabatt aufs Einzelgetränk. Üblicher ist aber das 2-für-1-Prinzip, das heißt, Sie zahlen für ein Glas Bier oder Wein, bekommen dafür aber zwei serviert (meist 17–20 Uhr).

1-ALTITUDE ★ (140 B3) (*J5*)

Tanzen 282 m über dem Meer: Von hier haben Sie die ganze Stadt im Blick. Dabei genießen Sie gute Musik und kühle Drinks. Kurze Hosen sind nicht erlaubt. Im Stockwerk darunter können Sie beim Indoor Golf Ihren Abschlag trainieren. *Mo–Do 18–1, Fr–Sa 18–3 Uhr | wechselnde Eintrittspreise | 1 Raffles Place | # 63 | www.1-altitude.com | MRT NS 26, EW 14 Raffles Place*

28 HONGKONG STREET
(140 A–B 2–3) (*H4*)
Angesagte Bar hinter einer unscheinbaren Fassade. Der stadtbekannte Barkeeper brilliert mit seinen Cocktails, der Stil erinnert an Manhattan. *Mo–Do 17.30–1,*

AM ABEND

Fr/Sa 17.30–3 Uhr | 28 Hongkong Street | www.28hks.com | MRT NE 5 Clarke Quay

INSIDER TIPP ▶ BAR STORIES
(135 E5) *(🗺 K2)*

Schokolade mit Gurkensaft und Champagner? Kein Problem. Hier mixt der Barman Cocktails ganz nach ihren Vorlieben. *So–Di 12–20 Uhr, Mi–Sa 12–1 Uhr | 55/57a Haji Lane | MRT EW 12, DT 14 Bugis*

BREWERKZ **(139 F2)** *(🗺 H4)*

Riesiges Kneipenrestaurant mit einer Mikrobrauerei, in der das Bier frisch gebraut wird. Es schmeckt gut und kostet weniger als in vielen anderen Kneipen. *Mo–Do 12–1, Fr–Sa 12–3, So 11–1 Uhr | 30 Merchant Road | #01–05 | Riverside Point | MRT NE 5 Clarke Quay*

KINKI ROOF TOP BAR ☼
(140 B–C4) *(🗺 J5)*

Wem die Dachterrasse des Fullerton Bay Hotel zu teuer und zu steif ist, der fühlt sich hier wohl: Der Blick ist derselbe, auf die Marina Bay. Aber die Gäste sind jünger, die Wände sind mit Graffitis verziert. *Mo–Do 17–24, Fr/Sa 17 Uhr–open end | 70 Collyer Quay | #02–02 | www.kinki.com.sg | MRT NS 26, EW 14 Raffles Place*

CLUBS & DISKOTHEKEN

Es gibt so viele Diskotheken in Singapur, dass einige von Sonntag bis Donnerstag leer sind. Dann sind die Eintrittspreise, die meist ein Getränk einschließen, nicht ganz so hoch. Am Wochenende sind die meisten Läden übervoll, zu späterer Stunde finden nur noch Mitglieder Eintritt.

AVALON UND PANGAEA ★
(141 D3–4) *(🗺 K5)*

Gleich zwei Highlights unter einem Glasdach: Zwei Stockwerke direkt an der Marina Bay, auf einer schwimmenden Plattform, im *Avalon* wird getanzt, im *Pangaea* geloungt. *Mi, Fr–So 22–6 Uhr | 2 Bayfront Av. | South Crystal Pavilion | www.avalon.sg | MRT CE 1, DT 16 Bayfront*

THE BUTTER FACTORY
(140 C3) *(🗺 K5)*

Direkt an der Marina Bay gelegen, bietet der Club über mehrere Stockwerke eine Mischung aus Hip-Hop, Urban Grooves und Electro Sound. Nach dem Abtanzen locken der Blick aufs Wasser oder ein Morgenspaziergang am Singapore River. *Mi 23–4, Fr/Sa 23–5 Uhr | 1 Fullerton Road | #02–02/03/04 | One Fullerton | www.thebutterfactory.com | MRT NS 26 EW 14 Raffles Place*

MARCO POLO HIGHLIGHTS

★ **Clarke Quay**
Die beste Ausgehmeile direkt am Singapore River → S. 83

★ **1-Altitude**
Die höchste Bar unter freiem Himmel → S. 84

★ **Avalon**
Schick und teuer: Im schwimmenden Club an der Marina Bay will man gesehen werden → S. 85

★ **Cocoon**
Schwelgen im Schutz von Terrakottawächtern → S. 86

★ **Zouk**
Singapurs bekannteste Diskothek → S. 87

★ **Esplanade**
Kultur für alle im größten Konzerthaus Südostasiens → S. 88

CLUBS & DISKOTHEKEN

INSIDER TIPP ▶ CANVAS (140 B2) (📖 J4)
In diesem Clubs will man Kunst, Mode und Musik vereinen. Lokale Künstler wie die Dragqueen Kumar treten hier auf. *Di 15–24, Mi/Do 15–2, Fr 15–3, Sa 21–4 Uhr | 20 Upper Circular Road | #B1–01 | www.canvasvenue.sg | MRT NE 5 Clarke Quay*

CHAMÄLEON CLUB (0) (📖 B1)
Unter Tropenbäumen in einem alten Kolonialbau im Kneipenviertel auf Dempsey Hill. Über der Bar gibt es einen Dancefloor, die Beleuchtung ist spektakulär. Der Hauscocktail heißt „Rockstar". *Mi, Fr/Sa 19 Uhr–open end | 22 Dempsey Road | MRT NS 22 Orchard, dann Bus 7, 77, 123,174 ab Orchard Boulevard*

COCOON ⭐ (140 A2) (📖 H4)
Weiterer Coup der Indochine-Gruppe: Riesige Terrakottawächter stehen am Eingang, dahinter die Bar Cocoon, oben das Restaurant *Madame Butterfly*. Opulenz mit Opiumbetten, Seidenkissen und Kristallleuchtern. *So–Do 15–3, Fr/Sa 15–6 Uhr | Merchant's Court | 3a River Valley Road | #01–02 | indochine-group.com | MRT NE 5 Clarke Quay*

DBL O (135 D5–6) (📖 K2)
Das *double O* brilliert mit vier Bars und einer großen Tanzfläche mit viel Licht. Einer der größten Danceclubs der Stadt. *Di–Fr 18–3, Sa 18–4 Uhr | 222 Queen Street | # 01–01/02 | www.dbl-o.com | MRT CC 2 Bras Basah*

DREAM UND FENIX ROOM (140 A–B2) (📖 H4)
Hier hat der taiwanesisch-amerikanische Entrepreneur John Langan einmal mehr gezeigt, was er kann: Das *Dream* ist eine

BÜCHER & FILME

Der Löwe von Singapur – Der britische Ethnologe Nigel Barley veröffentlichte im Jahr 1996 sein Buch, das sich mit dem Leben des Singapur-Gründers Sir Stamford Raffles (1781–1826) beschäftigt. Leider ist das Buch derzeit vergriffen, im Internet werden jedoch gebrauchte Exemplare angeboten

Asien für Anfänger – Streifzüge durch Singapur – Eine schöne, gut lesbare Einführung in den Alltag Singapurs hat Edith Werner geschrieben

Singapore – A Biography – Wer sich für die Geschichte des Stadtstaats interessiert, findet in diesem Buch von Mark Ravinder Frost und Yu-Mei Balasingamchow ein wunderschönes Kaleidoskop

Ein Jahr in Singapur – Munter geschriebene Geschichte von Nicola Kaulich-Stollfuß über das erste Jahr in der Multi-Kulti-Metropole

12 Storeys – Dieser preisgekrönte Film des Singapurers Eric Khoo Kim Hai beschreibt eindrücklich und mit satirischem Unterton das Leben in den staatlich geförderten Wohnanlagen der Durchschnitts-Singapurer (1997). Auch Khoos Film „Be with me" war 2005 beim Filmfestival in Cannes dabei

I not stupid – ist im Stadtstaat Legende und geflügeltes Wort. Der kritische Filmemacher Jack Neo Chee Keong hat darin die Singapurer Gesellschaft unter die Lupe genommen (2002)

AM ABEND

Dancefloor-Superlativ Zouk: Drei Diskos, internationale DJs, immer voll

Disko, die Beats und Videos verbindet, der *Fenix Room* der dazugehörige, glamouröse Club. Er erinnert an die Lounges der legendären 1920er-Jahre, bietet eine große Auswahl an Champagner. *Mi–Sa 21.30 Uhr–open end | River Valley Road | Block 3c | MRT NE 5 Clarke Quay*

HELIPAD (139 F2) (*H4*)

Hier gibt es den „fliegenden Sarong" als Drink und noch viel mehr: Die Lounge liegt auf dem Hubschrauberlandeplatz auf dem Dach eines Hauses am Clarke Quay. Der „Helipad Ice Tea" besteht aus allem, am wenigstens aus Tee. *Tgl 12–2 Uhr | 6 Eu Tong Sen Street | #05–22 | The Central | www.helipad.com.sg | MRT NE 5 Clarke Quay*

INSIDER TIPP TIMBRE@SUBSTATION UND TIMBRE@THE ARTS HOUSE

Viele lokale Gruppen treten auf der Bühne im Garten von *Timbre @ Substation* (140 B1) (*J3*) (*So–Do 18–1, Fr/Sa 18–2 Uhr | 45 Armenian Street | The Substation Garden | MRT CC 2 Bras Basah*), einem unabhängigen Kulturzentrum, auf. Der Ableger *Timbre@The Arts House* (140 B2) (*J4*) (*Mo–Do 18–1, Fr–Sa 18–2 Uhr | 1 Old Parliament Lane/High Street | MRT EW 13, NS 25 City Hall*) findet sich am Singapore River, neben dem Parlament, mit Open-Air-Bühne. *www.timbregroup.asia/timbresg*

ZOUK ★ (139 D2) (*F4*)

Singapurs bekannteste Diskothek ist immer voll und zieht bekannte DJs aus der ganzen Welt an. In drei Lagerhallen gibt es drei verschiedene Diskos unterschiedlicher Musikrichtungen: *Zouk* (Mi, Fr, Sa 22 Uhr–open end), *Phuture* (Mi, Fr, Sa 21 Uhr–open end) und *Velvet Underground* (Mi, Fr, Sa 21 Uhr–open end). *17 Jiak Kim Street | www.zoukclub.com | MRT NE 5 Clarke Quay*

KINOS

Singapurer lieben Kino. In vielen Einkaufszentren entlang der *Orchard Road*, in *Vivo City* und im restaurierten Art-dé-

KONZERTE, THEATER, BALLETT

co-Haus *The Cathay* liegen im Obergeschoss Kinos. Die Kürzel der Zensur sind eine Wissenschaft für sich. *G* (general) bedeutet für jedermann geeignet, *PG* (parental guided) verlangt die Begleitung durch die Eltern. *NC 16* (no children) bedeutet, dass der Film erst ab 16 zugänglich ist. *M 18* (mature) schließlich steht für Filme nur für Erwachsene. Kinoprogramm unter *movies.insing.com*

KONZERTE, THEATER, BALLETT

Klassische und moderne Theaterstücke, Konzerte, Musicals und Ballettaufführungen gibt es an allen Wochentagen. Die meisten Veranstaltungen werden in *Esplanade* (140 C2) (*∅ K4*) aufgeführt. Ein schöner Veranstaltungsort ist das auf-

LOW BUDG€T

Wem der Sinn nach Rockmusik steht, der macht sich auf zur *Esplanade* (140 C2) (*∅ K4*) (*www.esplanade. com | Bus 77, 171, 174, 36*). Nein, Sie brauchen keine Eintrittskarte für 100 Dollar. Denn auf der Rückseite der Konzerthalle, direkt am Wasser, geben sich Singapurs Rockmusiker auf der Open-Air-Bühne ein kostenloses Stelldichein (*Fr–So 19.30–22 Uhr*).

Sehr poetisch kommt Singapurs jüngstes Lieblingshobby daher: Beleuchtete Drachen kreisen über dem Singapore River. Die Flugkünste können Sie jeden Abend sehen, sofern es nicht regnet, ab 20.30 Uhr gegenüber dem Clarke Quay am Riverside Point (139 F2) (*∅ H4*) (*Bus 12, 33 | MRT NE 5 Clarke Quay, dann zu Fuß*).

wendig renovierte *Victoria Theatre and Concert Hall* (140 B2) (*∅ J4*) (*11 Empress Place*). Tickets für die meisten kulturellen Veranstaltungen vertreibt die zentrale Vorverkaufsstelle *sistic* (z. B. | Mo–Sa 10–20, So 12–20 Uhr | 313 Orchard Road | #B1, Concierge Counter | 313@Somerset | Tickethotline 63 48 55 55 | www.sistic. com.sg | MRT NS 23 Somerset*).

CHINESISCHE STRASSENOPER
(139 F4) (*∅ H5*)

Bei festlichen Anlässen (vor allem beim Fest der hungrigen Geister) werden auf den Straßen Bühnen aus Bambusgerüsten und Planen aufgebaut. Allabendlich spielen dann üppig ausstaffierte und reich geschminkte Opernstars mit schrillem Falsett stundenlang Legenden aus Chinas Geschichte nach. Auch wenn gerade kein chinesisches Fest stattfindet, können Sie Chinas Opernkünste kennenlernen: Jeden Freitag- und Samstagabend veranstaltet der *Chinese Theatre Circle* (*Fr, Sa 19–21 Uhr | Eintritt inkl. Abendessen 40 S$ | 5 Smith Street | Tel. 63 23 48 62 | www.ctcopera.com.sg | MRT NE 4 Chinatown*), eine traditionelle chinesische Truppe, Aufführungen populärer Kantonopern in seinem Teehaus in Chinatown.

KONZERTE ✂

1979 wurde das Singapore Symphony Orchestra gegründet, und seither gibt es mehr oder minder regelmäßig Konzerte an Freitag- und Samstagabenden. Infos über Veranstaltungen erhalten Sie im ★ *Esplanade* (140 C2) (*∅ K4*) (*www.esplanade.com*) oder auf *www. sso.org.sg*. Die *Esplanade* ist auch der Ort für die zahlreichen Gastspiele weltbekannter Solisten und Orchester. An Sonntagen finden auch Konzerte auf der romantisch gelegenen **INSIDER TIPP** *Shaw Foundation Symphony Stage* im alten Botanischen Garten (132 A2) (*∅ 0*)

AM ABEND

(www.sbg.org.sg) von Singapur statt mit Jazz, Klassik und zuweilen auch Popmusik. Ab und zu werden auch im *Fort Canning Park* (140 A–B 1–2) *(E2) H–J 3–4)* Musikfestivals veranstaltet. In der *Jubilee Hall* im Raffles Hotel (140 C1) *(K3)* gibt es meist kleinere Konzerte. Aufführungen von klassischer chinesischer Musik organisiert regelmäßig die INSIDERTIPP *Nanyang Academy of Fine* ges Gastspiel im *Hard Rock Café* (133 D4) *(E2) (Shows Sa 23–1 Uhr | 50 Cuscaden Road | #04–01 | HPL House | Tickets im Voraus buchen unter Tel. 62 35 52 32 | MRT NS 22 Orchard).*

THEATER

Das Theaterschaffen in Singapur unterliegt der staatlichen Zensur. Experimentierfreudige besuchen das *Action*

Legenden aus dem Reich der Mitte: Chinesische Straßenopern sind ein besonderes Erlebnis

Arts (Tel. 65 12 40 00 | www.nafu.edu.sg). Wenn Sie Interesse an indischen Musik- und Tanzdarbietungen haben, wenden Sie sich am besten an die INSIDERTIPP *Singapore Indian Fine Arts Society (Tel. 62 99 59 29 | www.sifas.org).*

INSIDERTIPP LACHEN MIT KUMAR

Singapurs Top-Dragqueen nimmt die Regierung und alles, was Singapur heilig ist, auf die Schippe. Kumar darf mehr als andere. Er tritt an verschiedenen Orten der Stadt auf, hat aber ein regelmäßi-

Theatre (134 C6) *(J3) (42 Waterloo Street | Tel. 68 37 08 42 | MRT EW 12 Bugis | www.action.org.sg)* in einem restaurierten Vorkriegsbungalow oder *The Substation* (140 B1) *(J3) (45 Armenian Street | Tel. 63 37 75 35 | www.substation. org | MRT NS 25, EW 13 City Hall | MRT CC 2 Bras Basah, dann Bus 197).* Die derzeit beste englischsprachige Theaterbühne Singapurs ist das *Singapore Repertory Theatre* (139 E2) *(H4) (DBS Arts Centre | 20 Merbau Road | Tel. 67 33 81 66 | www.srt.com.sg | MRT NE 5 Clarke Quay).*

89

ÜBERNACHTEN

Die Auswahl der Spitzenhotels ist nahezu unbegrenzt. Allein der Kasino- und Tagungskomplex Marina Bay Sands bietet mehr als 2500 Betten. Fünf Hotels – unter ihnen Singapurs erstes Hard Rock Hotel – finden sich rund um das andere Kasino auf Sentosa.

Sie können auch im Kolonialbau wohnen, wie im edlen Raffles, im kleinen Designerhotel aus ehemaligen chinesischen Shophouses wie im The Scarlett oder in einem schönen Strandhotel wie dem Capella. Um sich für Rucksackreisende interessanter zu machen fördert die Stadt inzwischen die Gründung von Backpacker-Hotels.

Grundsätzlich gilt: Je weiter entfernt das Hotel von den Touristenpfaden und Einkaufszentren ist, also von Orchard und Scotts Road, desto geringer der Preis – und angesichts der niedrigen Kosten für Busse, MRT oder Taxis kann es sich finanziell sehr lohnen, weitere Wege in Kauf zu nehmen.

Falls Singapur für Sie Zwischenstation auf dem Weg nach oder von Bali oder Australien ist, dann fragen Sie Ihr Reisebüro oder die Fluggesellschaft nach einem Stop-over-Hotel. Das kann bis zu 50 Prozent Rabatt einbringen. Zudem unterhält die *Singapore Hotel Association* am Flughafen Changi Schalter, die rund um die Uhr geöffnet sind und über die nicht ausgebuchte Hotels ihre Last-Minute-Zimmer billiger abgeben. Hotels sind im Internet erreichbar über *www.stayinsingapore.com.sg* oder *short.travel/sin22*.

Bild: Raffles Hotel

Luxus im kolonialen Stil oder supermodern. Doch neben all den Edelherbergen eröffnen nun auch charmante und günstige Häuser

HOTELS €€€

FAIRMONT SINGAPORE UND SWISSÔTEL THE STAMFORD
(140 C1) (*J3*)
Die beiden Hoteltürme *Fairmont (80 Bras Basah Road | 63 39 77 77 | www.fairmont. com)* und *The Stamford (2 Stamford Road | 63 38 85 85 | www.swissotel.com)* über dem Einkaufszentrum Raffles City haben zusammen insgesamt 2049 Zimmer. Der höhere Turm ist das Swissôtel The Stamford. Vor allem aus den oberen Stockwerken ist die Aussicht über die Stadt und über die Inseln ausgesprochen beeindruckend. Die Hotels verfügen gemeinsam über 16 Restaurants. Die höchstgelegenen sind das *Jaan* und das *Equinox*. www.rafflescityhotels.com | MRT NS 25, EW 13 City Hall, CC 3 Esplanade

INTERCONTINENTAL
(135 D6) (*J–K3*)
Das Haus gehört zum Shopping- und Bürokomplex Bugis Junction. Bei moderns-

91

HOTELS €€

„Lobbyistin" im 1929 in Chinatown

tem Komfort können Sie sich in den etwas teureren Shophouse-Zimmern ein wenig wie in Alt-Singapur fühlen. *406 Zi. | 80 Middle Road | Bugis Junction | Tel. 63 38 76 00 | www.intercontinental.com | MRT EW 12, DT 14 Bugis*

INSIDER TIPP NAUMI (135 D6) (*K3*)
Das Luxus-Boutique-Hotel im Schatten seines großen Vorfahren Raffles besitzt nur 40 Suiten. Die aber haben es in sich: Jede ist individuell eingerichtet. Fürs Workout am Morgen bietet jeder Raum eine Yogamatte, unter elektronischen Spielgeräten wie Xbox oder Wii dürfen Sie wählen. Rund um die Uhr hilft Ihnen ein Butler. Service will das Naumi groß schreiben – zählt es doch zu den besten kleinen Hotels der Welt. *41 Seah Street | Tel. 6 43 60 00 | www.naumihotel.com | MRT NS 25, EW 13 City Hall | MRT CC 3 Esplanade*

NEW MAJESTIC HOTEL ★
(139 E4) (*G6*)
Als Anwalt Loh Lik Peng daheim keinen Platz mehr für seine Möbelsammlung hatte, restaurierte er ein baufälliges Haus in Chinatown und machte ein Hotel daraus. Dessen 30 Zimmer ließ er von asiatischen Designern gestalten. *31–37 Bukit Pasoh Road | Tel. 65 11 47 00 | www.newmajestichotel.com | MRT EW 16, NE 3 Outram Park*

PARKROYAL ON PICKERING
(140 A3) (*H5*)
Gelegen zwischen Chinatown, Finanzviertel und dem Kneipenviertel am Singapore River ist das neue Hotel eine grüne Oase, die auch von außen mit hängenden Gärten einlädt. Zum Entspannen nach dem Einkaufsbummel bietet sich das prämierte Spa *St. Gregory*. *367 Zi. | 3 Upper Pickering Street | Tel. 68 09 88 88 | www.parkroyalhotels.com/en/hotels-resorts/singapore/pickering.html | MRT NE 4, DT 19 Chinatown*

ROYAL PLAZA ON SCOTTS
(133 E4) (*F1*)
Zentraler können Sie nicht wohnen in Singapurs Einkaufsbezirk. Es mag dem Hotel ein wenig der Charme der anderen Häuser in Singapur fehlen. Doch ist es für seine Lage preisgünstig und funktional. Mit Pool. *511 Zi. | 25 Scotts Road | Tel. 67 37 79 66 | MRT NS 22 Orchard | www.royalplaza.com.sg*

HOTELS €€

1929 ★ (139 E4) (*H5*)
Dieses Haus ist der preiswertere Ableger des schicken New Majestic Hotels. Wie dort wohnt man auch hier in einem restaurierten Gebäude mitten im Herzen Chinatowns, sind die Zimmer möbliert mit Designerchic. Aber das 1929

ÜBERNACHTEN

hat keinen Swimmingpool. *32 Zi. | 50 Keong Saik Road | Tel. 63 47 19 29 | www. hotel1929.com | MRT EW 16, NE 3 Outram Park | MRT NE 4, DT 19 Chinatown*

COPTHORNE KING'S HOTEL, FURAMA RIVERFRONT, HOLIDAY INN ATRIUM, MIRAMAR, RIVER VIEW
(139 D2) *(ΦΩ G4)*

Diese fünf Hotels mit zusammen 1965 Zimmern liegen dicht beieinander am Kneipenviertel Clarke Quay, aber weit von den Einkaufs- und Geschäftsstraßen Singapurs entfernt. Deshalb sind hier die Preise für Übernachtungen bei ansonsten reichhaltigem Angebot relativ günstig. Außer dem Furama Riverfront verfügen alle Häuser auch über einen Swimmingpool. *Copthorne King's Hotel (403 Havelock Road | Tel. 67 33 00 11 | www.copthornekings.com.sg), Furama Riverfront (405 Havelock Road | Tel. 63 33 88 98), Holiday Inn Atrium (317 Outram Road | Tel. 67 33 01 88 | www.holiday-inn.com), Miramar (401 Havelock Road |* Tel. 67 33 02 22 | www.miramar.com. sg), River View (382 Havelock Road | Tel. 67 32 99 22 | www.riverview.com.sg). MRT NE 5 Clarke Quay, dann Bus 51*

GALLERY HOTEL ⭐ (139 E2) *(ΦΩ G4)*

Das erste Boutique-Hotel Singapurs. Ein bunter Fleck mitten im Szeneviertel Clarke Quay mit einem spektakulären Pool auf dem Dach. *223 Zi. | 1 Nanson Road | Tel. 68 49 86 86 | www.galleryhotel.com. sg | MRT NE 5 Clarke Quay, dann Bus 51*

HOLIDAY INN EXPRESS CLARKE QUAY
(139 E2) *(ΦΩ H4)*

Neues Haus der Kette inkl. Frühstück und Wifi. Zwar an einer Kreuzung gelegen, dafür direkt an der Vergnügungsmeile am Singapore River. *442 Zi. | 2 Magazine Road | Tel. 65 89 80 00 | www.ihg.com | MRT NE 5 Clarke Quay*

PERAK HOTEL (135 D4) *(ΦΩ J2)*

Geschmackvoll eingerichtet ist dieses hübsche kleine Hotel und Gasthaus in

---

MARCO POLO HIGHLIGHTS

⭐ **New Majestic Hotel**
Vom Designsammler für Designfans: Wo das Hotelzimmer zum Schauraum wird → **S. 92**

⭐ **1929**
Junger Designerchic im alten Shophouse mitten in Chinatown → **S. 92**

⭐ **Gallery Hotel**
Im Szeneviertel Clarke Quay und very stylish bis hin zum Schimmbecken auf dem Dach → **S. 93**

⭐ **Capella Singapore**
Elegant am Strand von Sentosa residieren → **S. 94**

⭐ **Raffles Hotel**
Prachtvoll wiederauferstanden: Die Institution unter den Hotels von Singapur → **S. 94**

⭐ **The Scarlet**
Klein, sehr fein – und mitten in Chinatown → **S. 94**

⭐ **Adler Hostel**
Wer wenig Geld hat, wird hier fürstlich untergebracht. Singapurs erstes Luxushostel → **S. 96**

⭐ **YMCA International House**
Keine Jugendherberge, sondern ein gutes Hotel zum Spottpreis → **S. 97**

HOTELS €€

einem renovierten Peranakan-Haus im Stadtteil Little India. Es wird privat geführt, und die freundlichen Mitarbeiter geben sehr gerne Tipps, wie die Umgebung zu erkunden ist. *34 Zi. | 12 Perak Road | Tel. 62 99 77 33 | www.peraklodge. net | MRT NE 7, DT 12 Little India*

THE SCARLET ⭐ (139 F4) (🗺 H6)

Die Lage im Herzen von Chinatown ist toll, die Einrichtung überwältigend: Roter Brokat, opulentes Gold und Schwarz schaffen Barockatmosphäre, die Portiers tragen Livree. Für das Hotel wurden die Shophouses entlang einer ganzen Straße miteinander verbunden und renoviert. *5 Suiten, 79 Zi. | 33 Erskine Road | Tel. 65 11 33 33 | www.thescarlethotel. com | MRT NE 4, DT 19 Chinatown*

SILOSO BEACH RESORT ♻ (142 B4) (🗺 P6)

Ein bisschen raus aus der City? Warum nicht auf der Freizeitinsel Sentosa direkt an der Strandpromenade schlafen? Das Resort besitzt als einziges Hotel Singa-

LUXUSHOTELS

Capella Singapore ⭐ (142–143 C–D5) (🗺 Q7)

Schöner geht es kaum noch. Der von Norman Foster erweiterte Kolonialbau blickt über die offene See. Zimmer und Küche sind Spitzenklasse. *116 Zi., Suiten, Apts. | ab 500 S$ | Sentosa Island | Tel. 63 77 88 88 | www.capellasingapore. com | von Vivo City (MRT CC 29, NE 1 Harbourfront) mit dem Sentosa-Express (S2 Imbiah) oder mit dem Bus, Abholservice ist möglich*

The Fullerton (140 C3) (🗺 J5)

Diese Luxusherberge liegt in einem Kolonialgebäude am Boat Quay. *400 Zi. | ab 450 S$, Suiten bis 6000 S$ | 1 Fullerton Square | Tel. 67 33 83 88 | www. fullertonhotel.com | MRT NS 26, EW 14 Raffles Place*

Marina Bay Sands Hotel ♻ (141 D3–4) (🗺 K–L5)

Dieses Haus mit seinen drei Türmen braucht keine Werbung mehr: Den Pool auf dem Dach kennen Sie schon von Tausenden Fotos, die um die Welt gingen. Es liegt in einer Stadt für sich – einschließlich des größten Kasinos Südostasiens – und in Fußweite des neuen Botanischen Gartens. Eigentlich brauchen Sie es während ihres Singapur-Aufenthalts gar nicht zu verlassen. *2560 Zi. | ab 350 S$ | 10 Bayfront Av. | Tel. 66 88 88 97 | www.marinabaysands. com | MRT CE 1, DT 16 Bayfront*

Raffles Hotel ⭐ (140 C1) (🗺 K3)

Die Hotellegende ist seit ihrer prachtvollen Wiederauferstehung luxuriös wie nie zuvor. *104 Suiten | ab 650–6000 S$ | 1 Beach Road | Tel. 63 37 18 86 | www. raffles.com | MRT NS 25, EW 13 City Hall*

Shangri-La (132–133 C–D3) (🗺 E1)

Das Hotel wirbt nicht mit seinem exzellenten Service, auch nicht mit dem *High Tea* auf der *Rose Veranda,* nein, der ganze Stolz des Hauses ist die weitläufige Gartenanlage. *760 Zi. | ab 375 S$, Suiten bis 3200 S$ | 22 Orange Grove Road | Tel. 67 37 36 44 | www.shangrila.com | MRT NS 22 Orchard, dann Taxi oder zu Fuß*

ÜBERNACHTEN

Das renovierte Fullerton Hotel behielt seine klassizistische Fassade

purs einen Quellwasser-Landschaftspool und bemüht sich in seinem gesamten Auftritt um die Schonung von Ressourcen. *182 Zi. | 51 Imbiah Walk | Tel. 67 22 33 33 | www.silosobeachresort.com | MRT S3 Beach (Sentosa)*

THE SULTAN (135 E4–5) (*J2*)
Hier tanzt der Sultan: Zehn alte Kolonialhäuser wurden zu einem Hotel zusammengeführt. Es lockt mit *Singjazz Club* und *Wonderbar* im neuen Szeneviertel Kampong Glam. *64 Zi. | 101 Jalan Sultan | Tel. 67 23 71 01 | www.thesultan.com.sg | MRT EW 12, DT 14 Bugis*

VILLAGE HOTEL ALBERT COURT
(134 C4) (*J2*)
Kleines, gemütliches Hotel in der Nähe von Little India, für seine Freundlichkeit bekannt. *136 Zi. | 180 Albert Street | Tel. 63 39 39 39 | www.stayfareast.com | MRT NE 7 Little India*

VILLAGE HOTEL BUGIS
(135 E5) (*K2*)
Die meisten der 393 Zimmer bieten einen schönen Blick auf das alte malaiische Viertel. Etliche deutsche Reiseveranstalter haben das gut ausgestattete Haus in ihrem Programm. Das Hotel mit Pool ist ausgesprochen preiswert, weil es weitab der großen Einkaufsstraßen liegt. *390 Victoria Street | Tel. 62 97 28 28 | www.stayfareast.com | MRT EW 12 Bugis*

INSIDER TIPP WANDERLUST
(134 C4) (*G1*)
Vier namhafte Designer und Architekten Singapurs haben dieses Kleinod aus einer ehemaligen Schule geschaffen. Das nun hochmoderne Boutiquehotel liegt im Herzen von Little India, dem quirligsten Stadtteil der Tropenmetropole. *29 Zi. | 2 Dickson Road | Tel. 63 96 33 22 | www.wanderlusthotel.com | MRT NE 7 DT 12 Little India | MRT DT 22 Jln Besar*

HOTELS €

HOTELS €

ADLER HOSTEL ⭐ (139 F3) (ℳ H5)
Ein Hostel, aber prämiert und luxuriös. Es liegt in einem renovierten Shophouse mitten in Chinatown, ausgestattet mit antiken Möbeln und lokaler Kunst. *2 Schlafsäle à 16 Betten | 259 South Bridge Road | Tel. 62 26 01 73 | www.adlerhostel. com | MRT NE 4, DT 19 Chinatown*

INSIDER TIPP HANGOUT@MT.EMILY 🌱 (134 B4) (ℳ H2)
Von der Tourismusbehörde Singapurs ausgezeichnete moderne, aber preiswerte Lodge. Die Zimmer haben Klimaanlage und Bad, die Schlafsäle bieten

LOW BUDGET

Sie müssen in Singapur nicht unbedingt in einem Hotel übernachten. Auch in der Tropenmetropole dürfen Sie zelten – zum Beispiel ganz und gar kostenlos im *East Coast Park* **(0)** *(ℳ O–S3) (Tel. 1 80 04 71 73 00 | www.nparks.gov.sg | Bus 16 bis Marine Terrace, dann durch die Unterführung bis zum East Coast Park | www. nparks.gov.sg).* Dort können Sie einfach Ihr mitgebrachtes Zelt aufbauen, ein Parkwächter wird dann vorbeikommen und Ihre Personalien aufnehmen.

Schön klingt der Name, billig sind die Betten im Schlafsaal der *Betel Box* **(142 A5)** *(ℳ R1)* (200 Joo Chiat Road | Tel. 62 47 73 40 | www. betelbox.com | CC 9, EW 8 Paya Lebar). Das Hostel im Peranakan-Stadtteil Katong bietet Pritschen ab 20 S$ an. Familienzimmer kosten 80 S$.

jeweils fünf bis sieben Betten. Das Besondere: Je ein Dollar des Zimmerpreises spenden die Betreiber des Hauses an Wohlfahrtsorganisationen. Im selben Gebäude liegt das Restaurant *Wild Rocket (www.wildrocket.com.sg | €),* in dem moderne, leichte Singapur-Küche serviert wird. *54 Zi. | 10a Upper Wilkie Road | Tel. 64 38 55 88 | www.hangout-hotels.com | MRT CC 1, NE 6, NS 24 Dhoby Ghaut, dann Bus 64, 65, 139*

ROBERTSON QUAY HOTEL (139 E2) (ℳ H4)
Von außen bietet das runde Gebäude wenig, doch liegt es sehr günstig direkt an der Ausgehmeile Singapurs und hat außerdem einen Pool auf dem Dach. Auch die Orchard Road und die Geschäftsbezirke sind von hier aus schnell zu erreichen. *150 Zi. | 15 Merbau Road | Tel. 67 35 33 33 | www.robertsonquayhotel. com.sg | MRT NE 5 Clarke Quay*

INSIDER TIPP THE ROYAL PEACOCK (139 E4) (ℳ G–H6)
In einer renovierten Häuserzeile im Herzen Chinatowns verbergen sich 73 Zimmer und sechs Suiten. Gelegen im ehemaligen Rotlichtviertel der Stadt ist das Peacock heute umgeben von Bars und Restaurants. *55 Keong Saik Road | Tel. 62 23 35 22 | www.royalpeacockhotel. com | MRT EW 16, NE 3 Outram Park*

SANTA GRAND HOTEL EAST COAST (142 B6) (ℳ S1)
Dieses saubere Hotel im Herzen von Katong, dem bunten Traditionsviertel vor dem Stadtzentrum Singapurs, bietet Ihnen ein gutes Preis-Leistungs-Verhältnis. Das hauseigene Peranakan-Restaurant zählt zu den besten der Stadt. *73 Zi. | 171 East Coast Road | Tel. 63 44 68 66 | www.santagrandhotels.com | MRT EW 8, CC 9 Paya Lebar, dann Bus 40*

ÜBERNACHTEN

STRAND (134 C6) (*J3*)
Die 130 funktional eingerichteten Zimmer haben Fernseher mit Videoprogramm, es gibt eine Lounge mit Livemusik und einen Coffeeshop. Günstige Lage mitten im Zentrum. *25 Bencoolen Street | Tel. 63 38 18 66 | www.strandhotel.com.sg | MRT CC 1, NS 24, NE 6 Dhoby Ghaut, dann Bus 64, 65*

YMCA INTERNATIONAL HOUSE ★
(134 B6) (*H3*)
Sie brauchen weder christlich noch jung noch männlich zu sein, um in einem der beiden Häuser wohnen zu können. Nur schnell genug: Angesichts des sehr günstigen Preis-Leistungs-Verhältnisses ist vor allem beim zentral gelegenen *International House* der Andrang ziemlich groß. Die für diese Preisklasse überraschend üppige Ausstattung mit Pool und Squashplätzen, Fitnesscenter, Coffeeshop und internationalen Selbstwähltelefonen in den einfach eingerichteten Zimmern gibt es jedoch auch im etwas abgelegeneren *YMCA Metropolitan* **(132–133 C–D1)** (*0*) *(92 Zi. | 60 Stevens Road | Tel. 68 39 83 33 | www.mymca.org.sg | MRT NS 22 Orchard, dann Bus 190). 106 Zi. | 1 Orchard Road | Tel. 63 36 60 00 | www.ymcaih.com.sg | MRT CC 1, NS 24, NE 6 Dhoby Ghaut*

Günstig, aber mit viel Komfort: YMCA International House

APARTMENTS, PRIVATZIMMER & HOSTELS

In Singapur ist das Vermieten von Zimmern in Privatwohnungen noch nicht so weit verbreitet wie in anderen Metropolen der Welt. Der neue Zweig wächst nur langsam heran. Denn die Mieten für die alten chinesischen Shophouses sind mit mehr als 15 000 Dollar im Monat so hoch, dass es sich schlicht nicht rechnet, nur wenige Zimmer Gästen zu offerieren. Sie können Ihr Glück dennoch auf verschiedenen Internetseiten versuchen, z. B. *www.easyroommate.com.sg | www.ibilik.sg | www.roomorama.com/singapore*.

Als preiswerte Alternative im Stadtstaat bieten sich Hostels an. Sie vermieten Betten und einfache Schlafräume, wie z. B. das sehr freundliche *Pillows & Toast (40 Mosque Street | Tel. 62 20 46 53 | www.pillowsntoast.com | MRT NE 4, DT 19 Chinatown)* im Herzen Chinatowns. Eine Alternative ist Singapurs „erstes Indie Boutique Hostel": *Shophouse – The Social Hostel (48 Arab Street | Tel. 62 98 87 21 | www.shophousehostel.com | MRT EW 12, DT 14 Bugis)* an der großen Moschee im neuen In-Viertel Kampong Glam.

97

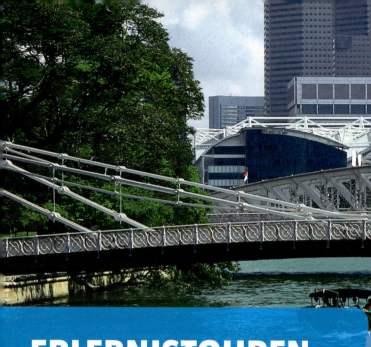

ERLEBNISTOUREN

① SINGAPUR PERFEKT IM ÜBERBLICK

START: ① Botanischer Garten
ZIEL: ⑭ 1-Altitude

Strecke:
➡ 21 km (8,5 km Fußweg)

1 Tag
reine Gehzeit
2 Stunden

KOSTEN: ca. 40 S$ ohne Essen und Trinken
MITNEHMEN: Sonnenschutz und Wasser, wenn Sie nicht oft einkehren wollen, in der Regenzeit einen Schirm

ACHTUNG: Für einzelne Touretappen nehmen Sie ein Taxi, eine Riksha oder die U-Bahn.

Von Tai Chi unter Tropenbäumen bis zum Absacker auf einer der schönsten Dachbars Südostasiens – in den nächsten Stunden lernen Sie die Vielfalt Singapurs kennen. Natürlich gehören die beiden Viertel Chinatown und Little India dazu. Aber auch das koloniale Erbe wie das weltberühmte Raffles Hotel lohnt den Besuch.

Städte haben viele Facetten. Wenn Sie Lust haben, diese verschiedenen Gesichter mit all ihren einzigartigen Besonderheiten zu entdecken, wenn Sie jenseits bekannter Pfade geführt oder zu grünen Oasen, ausgewählten Restaurants oder typischen Aktivitäten geleitet werden wollen, dann sind diese maßgeschneiderten Erlebnistouren genau das Richtige für Sie. Machen Sie sich auf den Weg und folgen Sie den Spuren der MARCO POLO Autoren – ganz bequem und mit der digitalen Routenführung, die Sie sich über den QR-Code auf S. 2/3 oder die URL in der Fußzeile zu jeder Tour downloaden können.

07:30 Die Strapazen eines langen Flugs bauen Sie am besten beim INSIDER TIPP chinesischen Frühsport unter freiem Himmel ab: Im alten ❶ Botanischen Garten → S. 57 Singapurs gibt es einige Sportgruppen, die kostenlos Tai Chi, Gymnastik oder Fächertanz anbieten. Sie können in normaler Straßenkleidung mitmachen. **Am einfachsten geht dies auf der großen Freifläche am Visitor Centre (Cluny Park Gate),** wo sich an regenfreien Tagen Dutzende Frühsportler versammeln. Danach haben Sie sich ein Frühstück im Grünen verdient. Das **Casa**

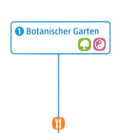

❶ Botanischer Garten

Bild: Cavenagh Bridge mit dem Esplanade Theatre, dahinter Suntec City

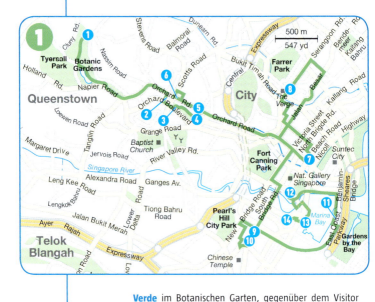

Verde im Botanischen Garten, gegenüber dem Visitor Centre, bietet Ihnen Baguettes genauso wie asiatische Reisgerichte. Spazieren Sie anschließend unter den herrlichen Tropenbäumen durch den Garten. Die Blütenpracht mit ihrem morgendlichen Duft stimmt Sie auf den Tag ein. **Folgen Sie den Schildern zum Tanglin-Gate. Überqueren Sie die Straßen und fahren Sie mit dem Bus (7, 77, 106, 123, 174) vor dem Gleneagles Hospital in die Innenstadt bis zur Thailändischen Botschaft. Überqueren Sie die Hauptachse Singapurs, die Orchard Road → S. 35, an der Fußgängerampel und halten Sie sich links.** An der Straßenkreuzung gehen Sie in die Glaspyramide des ❷ **Wheelock Place**. Dort geht es auf den Rolltreppen ins zweite Untergeschoss – nun stehen Sie im Herzen von Singapurs Einkaufsdistrikt, in der Edelmeile ❸ **ION Orchard → S. 75** mit mehr als hundert Geschäften. „Unter Tage", vor Regen und Sonne geschützt, spazieren Sie bis zum traditionellen Kaufhaus ❹ **Takashimaya → S. 76**, das auch asiatischen Marken Platz einräumt. **Anschließend überqueren Sie vom Takashimaya aus die Straße** und besuchen auch die schöne Einkaufspassage ❺ **The Paragon → S. 36** sowie das traditionelle Singapurer Kaufhaus ❻ **Tangs**.

12:00 **Vor dem Marriott Hotel neben Tangs nehmen Sie ein Taxi und fahren die Orchard Road hinauf in**

❷ Wheelock Place

❸ ION Orchard

❹ Takashimaya

❺ The Paragon

❻ Tangs

ERLEBNISTOUREN

den alten Kolonialbezirk. Ihr Ziel ist das ❼ **Raffles Hotel → S. 36**, Juwel aus Kolonialzeiten. Der Mittagsbrunch wird im Billardraum serviert. Die Speisen haben höchste Qualität, mancher kommt nur wegen des INSIDER TIPP Nachtischs. Schön, aber teuer ist auch der **Andenkenladen → S. 81** hinter dem Restaurant. **Mieten Sie sich dann vor dem Raffles eine Rikscha (sie stehen meist an der Ecke Beach Road/Bras Basah Road) und lassen Sie sich über die ❽ Serangoon Road → S. 27**, die Hauptachse Little Indias fahren. Schwärmen Sie von dort in die Nebenstraßen aus, folgen Sie dem Duft der Jasminblüten und Currys. **Ein Taxi bringt Sie danach rasch nach Chinatown → S. 46**, wo der Ursprung der Stadt liegt. Lassen Sie sich durch die Gassen treiben, vertrauen Sie keinem Schneider, der mit billigen Anzügen lockt, aber schauen Sie in jeden Topf der vielen Straßenküchen. In Chinatown vereinen sich die Kulturen: In seinem Zentrum liegt der Hindu-Tempel ❾ **Sri Mariamman → S. 48**, wo sich Priester, Gläubige und Touristen ein geräuschvolles Stelldichein geben. Schmerzen nun die Beine, legen Sie eine Kaffeepause in einer der ältesten Bäckereien Singapurs ein: Schräg gegenüber dem Sri-Mariamman-Tempel liegt die Traditionsbäckerei ❿ **Tong Heng** *(285 South Bridge Road)* mit den berühmten warmen Eiertörtchen. Sind Sie auf Diät, wählen Sie das Tea Chapter → S. 65, um einer traditionellen chinesischen Teezeremonie beizuwohnen. Danach fahren Sie mit der U-Bahn ab Station Chinatown bis Bayfront nach ⓫ **Marina Bay Sands → S. 42**. Das neue Wahrzeichen Singapurs bietet u. a. das größte Kasino der Stadt und unzählige Luxusboutiquen. Berühmt aber ist es für seine Dachterrasse hoch über dem Hotel. Manche nennen sie ein „Bügelbrett", andere erinnert sie an ein Boot. Nirgends aber gibt es einen solchen Ausblick in die Abenddämmerung.

19:00 Nun schlendern Sie vorbei an den Bühnen der **Esplanade → S. 40** den romantischen Weg entlang der Bucht bis zu **The Arts House → S. 31**. Dort suchen Sie sich einen Tisch im ⓬ **Timbre@The Arts House → S. 87** auf der Terrasse mit herrlichem Blick auf das erleuchtete Bankenviertel. Für den kleinen Hunger gibt es Tapas, für den größeren Nudelgerichte oder Fisch. **Über die Cavenagh-Brücke mit ihrem herrlichen Eisengerüst und durch die Unterführung im Fullerton Hotel geht es nach dem Essen zurück zur Bucht.** Rechts liegt das Fullerton Bay Hotel. Im ★ ⓭ **Lantern** auf seiner schönen Dachterrasse lässt es sich herrlich chillen – und mit genialem Blick auf

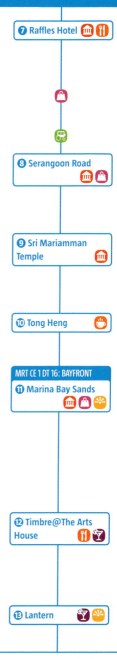

101

14 1-Altitude

die Marina Bay den Abend einläuten. Zum Schluss geht's noch einmal ganz nach oben in die Dachbar des 14 **1-Altitude → S. 84**. Heiße Rhythmen der Freiluftdisko und kühle Drinks im Nachtwind lassen Sie die Tropen von ihrer schönsten Seite erfahren.

2 KATONG – DURCH ZEITEN UND KULTUREN

START: 1 Katong Antique House
ZIEL: 8 328 Katong Laksa

4 Stunden
reine Gehzeit
1 Stunde

Strecke:
➡ 3 km

MITNEHMEN: Sonnenschutz und Wasser, wenn Sie nicht oft einkehren wollen, in der Regenzeit einen Schirm

ACHTUNG: Zur Führung im 1 **Katong Antique House** vorab anmelden unter *Tel. 63 45 85 44*

Wandeln Sie einen Nachmittag auf den Spuren der frühen Singapurer – Katong ist das Viertel der Peranakan. So heißt die Volksgruppe, die aus Chinesen, Europäern und Malaien hervorgegangen ist. Sie haben „Little Singapore", wie Katong genannt wird, geprägt – mit ihrem Essen, ihrer Architektur, ihrer Kleidung.

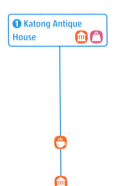

1 **Katong Antique House**

Schlendern Sie die beiden Seiten der East Coast Road – der Achse Katongs – entlang, tauchen Sie in ihren Seitenstraßen tief in das Leben Singapurs und in seine einzigartige Architektur ein. Erwarten Sie nicht das Spektakuläre, sondern einen Einblick in das Alltagsleben. Der Spaziergang beginnt gegen 14 Uhr am 1 **INSIDER TIPP** **Katong Antique House** *(208 East Coast Road | MRT NS 22 Orchard, dann Bus 14)*. Hinter der schlichten Holztür des blassgelben Hauses verbirgt sich eine eigene Welt: Peter Wee, dessen Vater hier einst ein ganzer Straßenzug gehörte, führt Sie durch das Museum der Peranakankultur *(ca. 45 Min.)*. Im Erdgeschoss gibt es einen kleinen Laden mit echten, aber teuren Peranakan-Antiquitäten. **Verlassen Sie dann das kleine Museum, wenden Sie sich nach links.** Sie stoßen direkt auf die **Chin Mee Chin Confectionery** *(Mo geschl.)*, eine Traditionsbäckerei Singapurs. **Spazieren Sie weiter, passieren Sie eine Gasse, in die ein Blick lohnt:** Hier stehen noch alte, einstöckige Offiziershäuser. Zum Schutz gegen Überflutung wurden die heute bunt bemalten Villen

ERLEBNISTOUREN

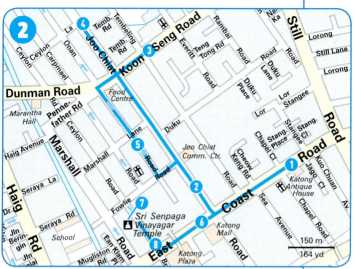

auf Sockel gebaut. An der nächsten Ampel kommen Sie an Brotzeit vorbei, einem hübschen Restaurant mit deutschen Speisen. **Sie überqueren hier die Straße und gehen in die ❷ Joo Chiat Road**. An der Ecke auf der rechten Seite wartet die süßeste Verführung der Stadt: **Awfully Chocolate**. Der Laden ist ganz in Weiß gehalten, und es gibt wenig außer dunkler Schokolade in allen Variationen – teuer, aber gut. Direkt danach riechen Sie das wirkliche Singapur: Die Bäcker von **Puteri Mas** *(Nr. 475)* backen echte Durian-Kuchen. Die „Stinkfrucht", die Sie wegen ihres beißenden Käsegeruchs nicht in Bussen und U-Bahnen essen dürfen, gilt als Delikatesse. Köstlich sind auch die warmen, gefüllten Teigklöße, die **D'bun Freshly Handmade Bun Specialist** *(Nr. 356)* etwas höher auf der linken Seite offeriert. **Ein gutes Stück weiter die Straße hoch liegt links die Ann Tin Tong Medical Hall** *(Nr. 320)*, eine 70 Jahre alte Apotheke, die einen Arzt beschäftigt und ihre Tees und Tinkturen noch selber mischt. **Ein paar Schritte noch, dann beginnt rechts die ❸ Koon Seng Road**. Ihr Ensemble von Wohnhäusern ist einmalig in Singapur. Die mit Stuckornamenten verzierten Fassaden vereinen viktorianische und chinesische Elemente. Die Vorderseiten zeigen die Symbole für Glück und langes Leben, wie Fledermäuse, Drachen, Hirsche oder Hunde. Ergänzt werden sie durch alte Kacheln, für teures Geld einst aus Europa importiert. **Gehen Sie zu-**

103

④ Chiang Pow Joss

rück und noch ein Stück die Joo Chiat Road hinauf. Ein paar Hundert Meter weiter finden Sie auf der linken Seite in einem gelben Haus einen der letzten Papierfigurenmacher Singapurs, **④ Chiang Pow Joss** *(Nr. 252)*, an der Ecke zur Ceylon Road. Mit Bambusstäbchen, Leim und buntem Papier bauen er und seine Mitarbeiterinnen Dioramen, Autos, Handys nach, die den Toten zur Beerdigung mitgegeben werden. Er hat nichts dagegen, wenn Sie ihm bei der Arbeit über die Schulter schauen. **Schlendern Sie nun noch ein Stückchen weiter die Straße hoch.** Mit ihren vielen kleinen Cafés, Läden und Restaurants bleibt sie interessant. Schräg gegenüber vom Figurenmacher steht ein alter chinesischer Tempel. Er ist wegen seiner Bauart sehenswert – diese länglichen Bungalows auf Sockeln säumten früher die gesamte Straße. Der Häuserblock auf der linken Seite *(ab Nr. 174)* steht für schöne, renovierte Artdéco-Architektur im modernen Singapur. **Haben Sie genug gesehen, kehren Sie einfach um und schlendern Sie zurück bis zum Dunman Food Court.** Dort biegen Sie links in die **⑤ Onan Road**. Sie kommen nun durch eine typische Singapurer Wohngegend mit Mangobäumen in den Vorgärten zurück zur Hauptstraße.

⑤ Onan Road

⑥ Rumah Bebe

Viktorianisch-chinesische Fusionarchitektur an der Koon Seng Road

Jetzt biegen Sie links in die Fowlie Road, dann rechts zurück auf die Joo Chiat Road und Sie erreichen wieder die East Coast Road. Halten Sie sich rechts. Sie stoßen auf das **⑥ Rumah Bebe** *(www.rumahbebe.com)*, das „Haus von Bebe". Hier werden schöne Andenken verkauft. Besitzerin Bebe Seet beherrscht das traditionelle Besticken von Schuhen und Kleidung mit Perlen. Sie gibt auch „Beading"-Unterricht *(etwa 250 S$ inkl. Material)*. Direkt daneben folgen **Rumah Kim Choo** und **Kim Choo's Kitchen**. Der sonst in Singapur weit verbreitete Geschmacksverstärker Glutamat wird hier durch selbstgekochte Brühe aus Hühnerknochen, Ingwer und Knoblauch ersetzt – und das Essen schmeckt. Restaurantbetreiber Desmond Wong beantwortet Fragen, die Sie nach dem Spaziergang zur faszinierenden Peranakan-Kultur haben.

ERLEBNISTOUREN

Biegen Sie anschließend rechts in die Ceylon Road ein, runden Sie Ihren Spaziergang durch die Kulturen mit etwas Hinduismus ab: Hier liegt der ❼ **Sri Senpaga Vinayagar Temple**. 1875 bauten ihn indische Tamilen unter einem Senpaga-Baum zu Ehren des Elefantengotts. **Kehren Sie nun zurück zur East Coast Road** und lassen Sie den Abend ganz traditionell ausklingen: In der berühmten Imbissstube ❽ **328 Katong Laksa** → S. 69 direkt an der Ecke wird die scharfe Nudelsuppe so gut gekocht wie sonst nirgends in der Stadt.

❼ Sri Senpaga Vinayagar Temple

❽ 328 Katong Laksa

❸ ROMANTISCHES SINGAPUR

START: ❶ Elgin Bridge
ZIEL: ❼ Makansutra Gluttons Bay

3,5 Stunden reine Gehzeit 30 Minuten

Strecke: ➡ 2 km

MITNEHMEN: Wasser, wenn Sie nicht oft einkehren wollen, in der Regenzeit einen Schirm

ACHTUNG: Die ❹ **Ausflugsboote** starten tgl. zwischen 9 und 22.30 Uhr alle 15 Minuten.

Eine asiatische Weltstadt ist selten romantisch, eher bunt und betriebsam. Singapurs Kolonialviertel aber besitzt nach Einbruch der Dunkelheit (tgl. ab 19.30 Uhr) besonderen Charme. Sie können den anderthalbstündigen Spaziergang auch tagsüber machen – abends aber, wenn die alten Laternen unter Tropenbäumen leuchten, hat er seinen ganz eigenen Reiz.

Ausgangspunkt des Wegs ist die ❶ **Elgin Bridge** *(MRT NE 5 Clarke Quay)*, die am Singapurer Parlament South und North Bridge Road verbindet. Sie ist die erste Brücke Singapurs (1823) und bedeutet der Stadt viel: Trennt sie doch Tua Po von Sio Po – im Dialekt der Fujian-Chinesen die große Stadt von der kleinen Stadt. Gemeint sind damit das Verwaltungsviertel Singapurs und das von hier aus jenseits der Brücke liegende Chinatown, das Geschäftsviertel. **Wenn Sie hier auf der linken Seite des Flusses stehen und auf die hell erleuchteten Hochhäuser der Banken blicken, liegt linker Hand das Parlament. Gehen Sie an seiner Seite hinab die paar Stufen der Treppe zum Fluss hinunter**, machen Sie Rast auf einer der Bänke und betrachten Sie die großartige Kulisse. **Spazieren Sie dann weiter den Fluss entlang bis zur angestrahlten ❷ Statue des Stadt-**

❶ Elgin Bridge

❷ Statue des Stadtgründers Sir Thomas Stamford Raffles

105

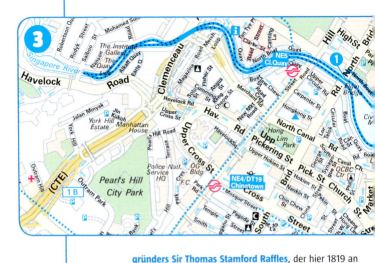

③ Asian Civilisations Museum

④ Ausflugsboote

⑤ Cavenagh-Brücke

gründers **Sir Thomas Stamford Raffles**, der hier 1819 an Land ging. Am steinernen Raffles vorbei, unter ausladenden Zweigen und Luftwurzeln der Tropenbäume hindurch sehen Sie das schön restaurierte **③ Asian Civilisations Museum** → S. 32. Auf den Treppen treffen Sie auf stumme Zeugen der Vergangenheit. Die Bildhauer Chern Lian Shan und Malcolm Kok stellten hier lebensgroße Skulpturen auf: Kulis und Händler, die einst entlang des Flusses Singapurs erstes Wirtschaftswunder begründeten. Die indischen Chettiar, die alten Geldverleiher, verhandeln mit der Börsenmaklerin, die gerade aus einem Bankenturm am gegenüberliegenden Ufer getreten zu sein scheint. Das Museum lohnt den Besuch und hat freitags bis 21 Uhr geöffnet. **Gehen Sie anschließend links über die Brücke auf die gegenüberliegende Flussseite.** Am Fullerton Hotel liegen die **④ Ausflugsboote** *(24 S$)*. Die 40-minütige Fahrt könnte romantischer kaum sein. Zugleich werden Sie informiert über die Geschichte der alten Handelsdocks. **Zurück an Land queren Sie wieder die historische, schön beleuchtete ⑤ Cavenagh-Brücke** (1868) auf die andere Flussseite. Unter den Bäumen am Uferweg links und rechts der Brücke lassen sich die Hochzeitspaare Singapurs fotografieren. Die Bankentürme im Hintergrund versprechen ihnen Wohlstand. **Folgen Sie dem Uferweg, der zwei leichte Kurven macht und in einen kurzen Tunnel führt. Auf der anderen Seite beginnt der Queen Elizabeth Walk entlang des Esplanade Parks. Der Bucht folgend kommen Sie unter der Brücke der Schnellstraße hindurch zur hell er-**

ERLEBNISTOUREN

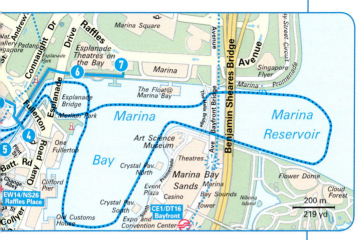

leuchteten **❻ Esplanade → S. 40**. Freitag-, samstag- und sonntagabends treten auf der Freilichtbühne am Wasser INSIDER TIPP Singapurer Bands kostenlos auf. Rechts hinter dem Gebäude ist ein offenes *hawker center*. Im **❼ Makansutra Gluttons Bay → S. 66** hat die Regierung die besten Hawker-Restaurants Singapurs versammelt. Hier nehmen Sie für ein paar Dollar unter dem Sternenhimmel der Tropen Ihr Nachtmahl ein.

❻ Esplanade

❼ Makansutra Gluttons Bay

❹ DIE SOUTHERN RIDGES – UNTERWEGS IM GRÜNEN SINGAPUR

START: ❶ Hort Park
ZIEL: ❽ Vivo City

Strecke: 4,5 km
Schwierigkeitsgrad: leicht

3 Stunden
reine Gehzeit
1,5 Stunden

MITNEHMEN: Nehmen Sie unbedingt Wasser und Sonnenschutz mit. Ein Schirm schützt in der Regenzeit.

ACHTUNG: Beginnen Sie die Wanderung ruhig früh, dann quält Sie die Sonne nicht. Trinken Sie unterwegs viel Wasser und legen Sie öfter eine Pause ein.

Singapur verstand sich über Jahre auch als Gartenstadt. Inzwischen nennt sie sich sogar „Stadt im Garten". Im Zuge der Ergrünung fügte man u. a. die einzelnen

107

Wanderwege zum Rundweg um die Innenstadt zusammen – den ⭐ Southern Ridges. Diese Tour führt Sie über eine leichte, erstaunlich grüne Teilstrecke entlang des Hafens. Der Weg ist bestens hergerichtet und stellt keine besonderen Anforderungen.

Taxi oder Bus setzen Sie gegen 9 Uhr am Parkplatz des ❶ **Hort Park** *(Alexandra Road)* ab. Der Park ist eine große Ausstellung, in der Singapurs Gärtnereien zeigen, was sie können: Hier finden sich kunstvoll angelegte Gärten, Wasserspiele und Beispiele für Fassadenbegrünung. An kleinen Gewächshäusern wurde hier zuerst die Glasdachkonstruktion erprobt, die nun bei den riesigen Gewächshäusern in den Gardens by the Bay dafür sorgt, dass zwar Licht, aber nicht zu viel Sonne in die Kalthäuser dringt. Ein Stück weiter die Alexandra Road hinunter Richtung Hafen liegt Singapurs Galerienviertel in den einstigen Kasernen Gillman Barracks → S. 78. **Sie aber bleiben im Grünen und überqueren die** geschwungene Metallbrücke ❷ **Alexandra Bridge** in Blattform über die Alexandra Road. Die Brücke wird ab Einbruch der Dunkelheit dank LED-Leuchten in ein Farbenmeer getaucht. **Am Ende der Brücke bleiben Sie weiter auf der Stahlkonstruktion und auf Höhe der Baumwipfel. Gehen Sie die gut befestigten Metallstiegen etwa 20 Minuten aufwärts und halten Sie die Augen offen.** Sie werden Vögel und Echsen in den Bäumen entdecken. Oft treffen Sie auf Herden von Affen – füttern Sie sie bitte nicht, sie können aggressiv werden. **Weiter bergan passieren Sie** ❸ **Alkaff Mansion** *(10 Telok Blangah Green | alkaff.com.sg)*. Das alte Haus eines arabischen Kaufmanns von 1918 beherbergt heute ein italienisches Restaurant *(Mo–Fr 11.30–15, Mo–So 18–23 Uhr | €€€)*, in dem Sie sich mit einem Kaffee stärken können. **Der Weg bringt Sie auf den höchsten Punkt im** ❹ **Telok Blangah Hill Top Park**. Hier oben können Sie verschnaufen. Und dabei einen Rundumblick über Singapur durch die leuchtenden Bougainvilleen genießen. **Von hier aus erreichen Sie die** ❺ **Henderson Waves** – eine wunderbare Holzbrücke, die sich in 36 m Höhe über die Henderson Road wellt und den Telok Blangah Hill Park mit dem Mount Faber verbindet. Die in der Sonne strahlenden Türme rechter Hand, die aus dem Dschungel vor dem Hafen herauswachsen, hat der amerikanische Architekt Daniel Libeskind entworfen. Kinder lieben auf den Henderson Waves besonders die Kojen, die die Krümmung der Holzstruktur bildet. Gebaut wurde die Brücke aus dem südostasiatischen, gelben Bakau-Holz.

ERLEBNISTOUREN

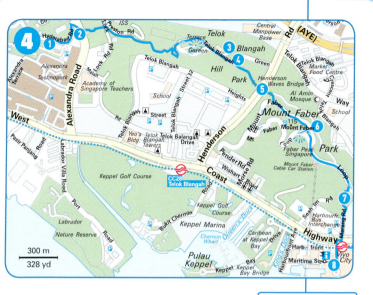

Nun sind Sie auf dem ❻ **Mount Faber → S. 54** angekommen. Bei klarer Sicht können Sie von hier bis nach Sumatra schauen. Über 56 ha breitet sich hier Dschungelgelände aus. Die Spitze von Singapurs Hausberg krönt der **Faber Peak Singapore → S. 54** mit Restaurants und Bars. Hier öffnet sich der Blick auf Sentosa, auf den bedeutenden Hafen und die stark befahrene Straße von Malakka, wichtigster Verbindungsweg nach China und Japan. Der Hafen steuert sieben Prozent zu Singapurs Wirtschaftsleistung bei. Von hier oben bringt Sie die Seilbahn nach Sentosa. Diesen Ausflug aber behalten Sie sich für einen anderen Tag vor. Denn vor Ihnen liegt nun noch der interessante Abstieg: Der ❼ **Marang Trail** ist der touristisch am wenigsten erschlossene Teil des Wegs. Nach einem Tropensturm kann es schon mal sein, dass hier ein Baum quer über der Stiege liegt. **Gehen Sie bis zum ausgeschilderten Carpark B entlang der Straße über den Bergrücken, hinter den Gebäuden dann rechts hinab ins Tal.** Wenn Sie Glück haben, trägt der Saga-Baum gerade seine leuchtend roten Perlen – sie werden auch gern zu Schmuck verarbeitet. **Von nun an geht es steil bergab auf den Hafen zu.** Aber erst im letzten Moment gibt der Dschungel die Sicht frei: Sie sind zurück in der Zivilisation, wenn vor Ihnen nach der letzten Wegbiegung plötzlich das grellweiße Einkaufszentrum Vivo City erscheint, inklusive U-Bahn-Station und sechsspuriger

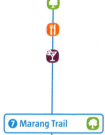

❻ Mount Faber

❼ Marang Trail

Zurück in der kühlen Zivilisation: Zum Ende des Spaziergangs erfrischt die Vivo City

 Vivo City

Hafenstraße. **Der Weg bergab dauert rund eine Viertelstunde. Überqueren Sie die Straße und gehen Sie durch die schöne Einkaufsmeile** ❽ **Vivo City → S. 57** – erkälten Sie sich nicht dabei, wenn Sie vom Gehen verschwitzt sind – hier arbeitet eine starke Klimaanlage. Entlang der Wasserseite von Vivo City finden Sie Dutzende von Cafés, in denen Sie mit einem guten Kaffee oder einem Eis auf der Terrasse ihren Ausflug ins Grüne abschließen.

❺ TIONG BAHRU – EINTAUCHEN IN DEN SCHMELZTIEGEL

START: ❶ U-Bahn-Station Tiong Bahru **ZIEL:** ❾ Tiong Bahru Market	**4 Stunden** reine Gehzeit 30 Minuten
Strecke: ➡ 2 km	
MITNEHMEN: Sonnenschutz und Wasser, in der Regenzeit einen Schirm	
ACHTUNG: Montags sind die meisten Cafés und Läden geschlossen.	

In Tiong Bahru zeigt sich Singapur von einer seiner schönsten Seiten – als Schmelztiegel. In keinem anderen Viertel mischen sich Jung und Alt, Singapurer und Ausländer, Szenepublikum und Bewohner von Sozialwohnungen so stark wie hier. Die

110 Diese Touren finden Sie als App unter http://go.marcopolo.de/sin

ERLEBNISTOUREN

herrliche Architektur ist einzigartig, manches erinnert an das Paris oder Berlin der frühen 1920er-Jahre, aber mit asiatischem Flair. Am besten gehen Sie an einem Samstagmorgen nach Tiong Bahru und mischen sich unter das Publikum.

Fahren Sie mit der U-Bahn bis zur Station ❶ **Tiong Bahru**. Wenn Sie die U-Bahn-Station am Ausgang Tiong Bahru Plaza verlassen, halten Sie sich links. Überqueren Sie die Tiong Bahru Road an der Fußgängerampel und gehen Sie nach links hinab. Dann biegen Sie rechts in die Kim Pong Road ein. Mit einem Schlag wandelt sich das Bild: Die Hochhaussiedlungen sind verschwunden, vor Ihnen liegt ein Ensemble herrlicher weißer Art-déco-Bauten. Sie wurden zwischen den späten 1930er- und den 1950er-Jahren, meist zunächst als Sozialwohnungen gebaut. Weil sie den Singapurern so modern vorkamen, nannten sie sie damals „Aero-Flats", Flugzeugwohnungen, denn ihre Form erinnerte an Flügel. **Am Ende der Straße stoßen Sie auf der Moh Guan Terrace auf zwei schöne Restaurants**; oder sind es drei? Denn das Lokal linker Hand, das traditionelle chinesische Nudelhaus **Hua Bee** *(tgl. 7–2.30 Uhr)*, verwandelt sich im hinteren Teil in ein modernes japanisches Restaurant *(tgl. 12–15 und 18–24 Uhr)* – so senken die Pächter die hohen Mieten. Die Nudeln sind so gut wie das japanische Essen. Rechter Hand liegt das australisch angehauchte Flock Café *(tgl. 8–18 Uhr)*. Passieren Sie das Café und schlendern Sie die ❷ **Yong Siak Street** entlang. Hier haben junge Gründer Läden und Restaurants in alten Häusern eröffnet. Links liegt das Poteato Bistro Café, ein paar Schritte weiter das **40 Hands → S. 63**. Alteingesessene schätzen es besonders wegen des guten Kaffees. Wechseln Sie wieder die Straßenseite und stöbern Sie ein wenig in der Buchhandlung **Books Actually → S. 74**. Sie ist eine Mischung aus literarischer Buchhandlung, Vierteltreff und Antikshop. Schauen Sie mal in die Szene- und Stadtmagazine, die hier ausliegen. Für die Kinder findet sich eine große Auswahl englischsprachiger Bücher ein paar Schritte weiter bei **Woods in the Books** *(Di–Sa 11–20, So 11–18 Uhr)*. Nun ist aber Zeit für einen Kaffee: Schlendern Sie in die **INSIDER TIPP** **Plain Vanilla Bakery** *(Di–Fr 11–20, Sa 9–20, So 9–18 Uhr)*. Allein der Duft verzaubert, doch Sie können den Bäckern auch bei der Arbeit zuschauen. Wer mag, leiht sich für die weitere Tour eines der türkisfarbenen Fahrräder (10 S$/Std.) aus.

Sie halten sich links auf der ❸ **Chay Yan Street**. Die ausladenden Dächer der Traditionshäuser spenden angeneh-

MRT EW 17: TIONG BAHRU
❶ Tiong Bahru

❷ Yong Siak Street

❸ Chay Yan Street

111

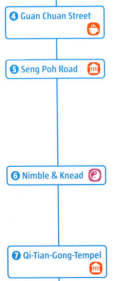

- **④ Guan Chuan Street**
- **⑤ Seng Poh Road**
- **⑥ Nimble & Knead**
- **⑦ Qi-Tian-Gong-Tempel**

men Schatten und schützen vor Regen. Schauen Sie in Nr. 26 in die Galerie **White Space Art Asia** *(Di–So 11–20 Uhr)* hinein. Überall im Viertel finden sich auf Englisch gehaltene Informationstafeln zur Historie, aufschlussreich und bebildert. Nehmen Sie sich Zeit für die Lektüre. **Biegen Sie nun links in die ④ Guan Chuan Street**, wo ein Ableger des stadtbekannten **PS. Café** *(tgl. 11–23 Uhr)* liegt. Wer australische Kuchen oder Burger mag, kann hier sündigen. **Ein Schlenker nach rechts bringt sie auf die Achse des Viertels, die ⑤ Seng Poh Road**. Obwohl Tiong Bahru inzwischen bei Ausländern sehr beliebt ist, sind hier die chinesischen Wurzeln nicht zu übersehen: Zu Chinese New Year sind die Häuser mit Laternen geschmückt. Immer wieder finden sich kleine Altäre an den Hauswänden. Und achten Sie mal auf die Treppenaufgänge, die Balkone, die Fenster- und Türformen – so etwas finden Sie sonst im modernen Singapur nicht mehr. **Biegen Sie rechts in die Eng Watt Street.** Wer eine Massage möchte, ist hier richtig. **⑥ Nimble & Knead** verspricht, Sie so zu kneten, dass Ihre Muskeln danach „weich wie Kuchenteig" sind. Die einstündige Fußmassage gibt es ab 42 S$. Oft reicht eine halbe Stunde.

Mit frischer Kraft geht's danach links in die Tiong Poh Road, die Sie bergab gehen. Schräg gegenüber an der Kreuzung liegt der ⑦ Qi-Tian-Gong-Tempel, der erste Sin-

ERLEBNISTOUREN

gapurs, der dem Affengott geweiht ist. Er soll Glück, Wohlstand, aber auch Scharfsinn bringen. Spätestens hier merken Sie, dass Sie eben nicht in Berlin, sondern in einer Stadt Asiens spazieren gehen. **Biegen Sie nun in die ❽ Eng Hoon Street** ein, die in Ihrem Rücken liegt. Rechter Hand stoßen Sie bald auf die stadtbekannte **Tiong Bahru Bakery** – die von einem Franzosen gegründete Backstube ist teuer, aber wunderbar. Gegenüber lohnt es, bei **Nana & Bird** *(Di–Fr 12–19, Sa/So 11–19 Uhr)* hereinzuschauen. Die Boutique, die mit zwei Läden im Viertel vertreten ist, verkauft die Kleider und Accessoires vieler Singapurer Designer. **Am oberen Ende der Straße stoßen Sie nun auf das Herz des Viertels:** Den **❾ Tiong Bahru Market**. Die zweistöckige Halle hat sich trotz einer Renovierung in den vergangenen 50 Jahren kaum verändert. Hier sehen Sie noch die „Uncles" und „Aunties" im Hausanzug einkaufen gehen. Unten gibt es Gemüse und Fleisch, Haushaltswaren und Plastikblumen, oben liegt eins der besten *hawker center* der Stadt. Mehr als 20 der hier ansässigen „Imbissstuben" sind so beliebt, dass sie sich schon länger als 30 Jahre halten konnten. Stand 82 etwa bietet traditionellen Hühnchen-Reis ohne Knochen. Zwei Stände weiter, bei Nummer 30, gibt es Wanton-Nudeln. Am besten schlendern Sie in Ruhe von Stand zu Stand und schauen in die Töpfe. Als Grundregel gilt: Wo die längste Schlange ist, wartet das beste Essen.

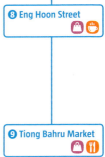

❽ Eng Hoon Street

❾ Tiong Bahru Market

Krönender Abschluss ist der Lunch in einem der besten *hawker* der Stadt: Tiong Bahru Market

MIT KINDERN UNTERWEGS

Singapur ist überaus kinderlieb. In keinem Restaurant fehlt ein Kinderstuhl. Viele Menschen werden Ihren Kleinen auf der Straße zulächeln – besonders, wenn sie blond sind. Die beiden größten Attraktionen bleiben selbstverständlich der *Zoo* (s. S. 60) und die *Resort World Sentosa* (s. S. 54). Viele Tipps für den Trip mit Kindern bekommen Sie auf *short.travel/sin17*, Abenteuer in der Stadt finden sich unter *www.nparks.gov.sg/activities*.

NATUR PUR

Der **INSIDER TIPP** *HSBC Tree Top Walk* (0) (*c4*) (Di–Fr 9–17, Sa/So 8.30–17 Uhr | Eintritt frei | Upper Thomson Road | Höhe Venus Drive | www.nparks.gov.sg | Bus 132 ab Orchard Road) im *MacRitchie Reservat* führt über eine 250 m lange Hängebrücke in den Baumwipfeln. Natürlich werden Sie dort auch Affen sehen – sie zu füttern ist aber streng verboten.

Am südlichen Parkeingang können Sie in der *Paddle Lodge* (tgl. 9–12, 14–18 Uhr | Kajak 15 S$/Std. | Lornie Road | Tel. 62 62 58 00 57 | www.scf.org.sg | MRT NS 22 Orchard, dann Bus 167 ab Orchard Boulevard) Kajaks buchen, mit denen Sie eine Runde über den See und unter Dschungelbäumen drehen.

SPIELPLÄTZE

In ★ ● ⊗ *Jacob Ballas Children's Garden* (132 A–B1) (*O*) (Di–So 8–19 Uhr | Botanic Gardens | Eingang Cluny Road | www.sbg.org.sg | MRT CC 19, DT 9 Botanic Gardens) im alten Botanischen Garten können Kinder spielen und viel über die Natur lernen. Auf dem *Outdoor-Wasserspielplatz* (142 C2) (*D8*) (tgl. 10–22 Uhr | Telok Blangah Road/Sentosa Gateway | www.vivocity.com.sg | MRT NE 1, CC 29 S Habourfront) im Innenhof des zweiten Obergeschosses von Vivo City können die Kinder in Fontänen toben. Auf dem Dach, eine Etage höher, gibt es weitere **INSIDER TIPP** große Wasserbecken.

Auch mitten im edlen Einkaufszentrum *The Paragon* (133 F4–5) (*G2*) (tgl. 10–22 Uhr | 290 Orchard Road | www.paragon.com.sg | MRT NS 22 Orchard Road) finden kleine Kinder einen überdachten Spielplatz in Level 5. Einen größeren Spielbereich mit Aufsicht für kleinere Kinder bietet der *Hip Kids Club* (tgl. 10–22 Uhr | 583 Orchard Road | Level 2 | www.forumtheshoppingmall.com.sg | MRT NS 22 Orchard) im Einkaufszentrum *Forum The Shopping Mall* (133 D4) (*E1*). Es wird eine Jahresgebühr von 15 S$ erhoben.

Dschungelfeeling inklusive: Wer glaubt, Singapur sei kein Ort für Kinder, bringt seinen Nachwuchs um phantastische Erlebnisse

REGENTAGE

Trampolinspringen bis zum Umfallen: *Amped* bietet in großen Hallen viele Sprungflächen, umgeben von dicken Kissen. Ein Spaß für Jung und Alt an verschiedenen Orten in der Stadt, z. B. *Mo 10–19, Di 15–22, Mi–Fr 10–22, Sa 9–22, So 9–21 Uhr | 12–18 S$ je nach Wochentag | 46 Kim Yam Road | MRT NE 5 Clarke Quay.*

Oder besuchen Sie mit Ihren Kindern das *Singapore Discovery Centre* (O) *(b4) (Di–So 9–18 Uhr | Eintritt Erw. 10, Kinder 6 S$ | 510 Upper Jurong Road | www.sdc.com.sg | Bus 193, 182 von MRT EW 27 Boon Lay)*, wo Sie an alle Arten der Technik herangeführt werden. Im ⭐ *Singapore Science Centre* (O) *(b4) (tgl. 10–18 Uhr | Eintritt Erw. 12, Kinder 8 S$ | 15 Science Centre Road | www.science.edu.sg | Bus 335 oder 66 von MRT EW 24, NS 1 Jurong East)* lernt der Nachwuchs spielerisch alles über Wissenschaften. Wenn Sie danach eine Abkühlung brauchen, gehen Sie zur 🟠 *Snow City* – Ski kann man auf dem Kunstschneehügel ausleihen. Im angeschlossenen Imax-Kino mit riesiger Halbkugel-Leinwand laufen unterhaltsame Lernfilme.

Das *Civil Defence Heritage Centre* **(140 B1)** *(J4) (Di–So 10–17 Uhr | Eintritt frei | Central Fire Station | 62 Hill Street | www.scdf.gov.sg | MRT EW 13, NS 25 City Hall, NE 5 Clarke Quay, dann Bus 190)* hört sich kriegerischer an, als es ist: Hier können die Kinder zum Feuerwehrmann werden *(Sa 9–11 Uhr)*.

RUNDFAHRTEN 🟠 **(141 D1)** *(K3)*

Spannend sind die Touren durch die Stadt mit dem *Singapore Duck*. Die alten Amphibienfahrzeuge der amerikanischen Armee in bunten Farben fahren durch den Kolonialdistrikt und dann direkt ins Wasser. *Abfahrt jeweils zur vollen Stunde von 10–18 Uhr | Erw. 37, Kinder von 3–12 Jahren 27 S$ | 3 Temasek Blvd. | #01-330 | Suntec City | Tel. 63 38 68 77 | www.ducktours.com.sg | MRT CC 3 Esplanade*

EVENTS, FESTE & MEHR

Buddhisten, Christen, Hindus und Moslems – jeder Religionsgruppe stehen in Singapur zwei gesetzliche Feiertage zu. So sind große Feiertage einer Religions- oder Volksgruppe auch freie Tage für alle anderen; dann sind Behörden, Büros, Praxen und Unternehmen geschlossen. Die Geschäfte hingegen bleiben geöffnet. Einzige Ausnahme: Beim Chinesischen Neujahrsfest steht so gut wie alles still.

FESTE

JANUAR/FEBRUAR

★ *Chinesisches Neujahrsfest:* Schon Tage vorher ist die Stimmung in der ganzen Stadt zu spüren: Häuser und Straßen werden festlich rot-golden geschmückt, die Einkaufszentren übertreffen sich gegenseitig. Immer wieder treten Trommelgruppen auf, Löwen- und Drachentänzer sind unterwegs. Am Hafen gibt es ein großes *Feuerwerk* (normalerweise sind Feuerwerkskörper verboten). Zum Neujahrs- oder Frühlingsfest, wie es auch genannt wird, versammeln sich die chinesischen Familien.

FEBRUAR

INSIDER TIPP *Thaipusam*: Höchst dramatisch geht es zu Ehren des hinduistischen Gottes Muruga zu: Kavadi heißen die pfauenfedergeschmückten Käfige, deren Drahtenden sich Gläubige durch ihre Haut bohren: Die Metallgestänge werden dann in einer Prozession über die Straßen getragen. Manche Männer legen den gut drei Kilometer langen Weg zwischen den Tempeln Sri Srinivasa Perumal und Sri Thendayuthapani auf Nagelschuhen zurück – nicht ohne vorher unter geistlicher Aufsicht wochenlang gefastet und meditiert zu haben.

Chingay Parade: Singapurs ganz eigene Mischung aus Kölner Karneval, Rio und New Orleans. Dutzende Gruppen und Artisten ziehen über die Arena an der Formel-1-Strecke und verbreiten gute Laune. Laut, bunt, mit vielen zircensischen Einlagen

MÄRZ/APRIL

INSIDER TIPP *Ching-Ming-Fest* Chinesische Mischung aus Allerheiligen und Ostern. Auf den Friedhöfen gehen zu Ehren der Verstorbenen Mercedes-Autos, Rolex-Uhren und Computer in Flammen auf – allerdings sind die Schätze nur aus Papier. Die guten Sachen werden über den Rauch ins Jenseits transportiert und sollen das Leben des Verstorbenen luxuriös gestalten.

Zwei Feiertage für jede Religion: Singapurs bunter Festekalender zeichnet sich durch gelebte Toleranz aus

MAI/JUNI
INSIDER TIPP *Great Singapore Sale* Gut einkaufen kann man zwölf Monate im Jahr. Doch beim Great Sale macht es noch einmal so viel Spaß und spart Geld.

JUNI
Drachenbootfest: Einst initiiert im Gedenken an Chinas Gelehrten Qu Yuan, der sich vor 2400 Jahren aus Gram über die Korruption im Staat ertränkte und dem Fischerboote zu Hilfe eilten – heute ein Spektakel in der Marina Bay.

AUGUST
Fest der hungrigen Geister: Überall in der Stadt stehen kleine Altäre, auf denen den Verstorbenen Obst geopfert wird. Zentrum ist vor allem Chinatown.

SEPTEMBER/OKTOBER
Thimithi: Zu Ehren der Göttin Draupathi laufen Gläubige im Hof des Sri Mariamman Temple über glühende Kohlen.
Formel 1-Nachtrennen

OKTOBER/NOVEMBER
Deepavali: Das Lichterfest der Hindus lässt Little India erstrahlen. Besucher freuen sich an Essen, Düften, Tänzen und der bunten Kleidung der Inder.

FEIERTAGE

1. Januar	Neujahr
Ende Jan./Anfang Feb.	Chin. Neujahr
März/April	Karfreitag
1. Mai	Tag der Arbeit
Ende Mai/Anfang Juni	Vesak-Tag
Anfang Juli 2016, Ende Juni 2017, Mitte Juni 2018	*Hari Raya Puasa*
9. Aug.	Nationalfeiertag
Mitte Sept. 2016, Anfang Sept. 2017, Ende Aug. 2018	*Hari Raya Haji*
Mitte Okt./Anfang Nov.	*Deepavali*
25. Dez.	Weihnachten

LINKS, BLOGS, APPS & CO.

LINKS & BLOGS

www.timeoutsingapore.com Die beste Website für alles, was in Singapur los ist, zusammengestellt von den Redakteuren des gleichnamigen Stadtmagazins

www.mrbrown.com Eine Prise Satire für Eingeweihte zur „fine city", der „Stadt der Strafen", aber so geschrieben, dass man in Singapur darüber lachen kann

www.hungrygowhere.com/singapore Für Hungrige – die Seite, auf der Singapurer ihre Restaurantauswahl treffen

www.marcopolo.de/singapur Alles auf einen Blick zu Ihrem Reiseziel: Interaktive Karten inklusive Planungsfunktion, Impressionen aus der Community, aktuelle News und Angebote …

localadventures.blogspot.com Auf diesem Blog zeigen Ihnen Einheimische die Geheimnisse in Singapurs Natur. Sie finden Wanderwege und seltene Tiere

singart.com Singapur hat sich zur Stadt für Kunst und Kultur entwickelt – und diese Website hilft Ihnen dabei, sie zu entdecken

short.travel/sin1 Die besten Blogs der Region, sortiert nach verschiedenen Kategorien wie Mode, Lifestyle, Einfluss, Originalität – und natürlich Essen

www.ladyironchef.com Dank der spritzigen Restaurantkommentare einer der Top Ten unter den Food-Blogs

ieatishootipost.sg Diese Site verschafft Ihnen einen guten Überblick über die Food-Szene Singapurs

sethlui.com Seth Lui geht für Sie vorkosten – quer durch Singapurs Restaurantszene

short.travel/sin6 Auf dem jüngsten Travelforum für Singapur finden sich preiswerte Angebote für Übernachtungen

Egal, ob für Ihre Reisevorbereitung oder vor Ort: Diese Adressen bereichern Ihren Urlaub. Da manche sehr lang sind, führt Sie der short.travel-Code direkt auf die beschriebenen Websites. Falls bei der Eingabe der Codes eine Fehlermeldung erscheint, könnte das an Ihren Einstellungen zum anonymen Surfen liegen

short.travel/sin8 Die hervorragende Essaysammlung *Singapore: Air-conditioned Nation* des Journalisten Cherian George erklärt, wie Politik und Gesellschaft in Singapur funktionieren

singaporerebel.blogspot.com Politische und gesellschaftskritische Blogs wie dieser werden meist im Ausland zusammengestellt, viele von enttäuschten Singapurern

short.travel/sin3 Tipps ohne Ende von Einheimischen, rund um alles, was Singapur interessant macht

www.sgtravelcafe.com Netzwerk, auf dem sich Singapurer austauschen – wenn Sie das Stichwort „Singapore" eingeben, auch über die besten Tipps in ihrer Heimatstadt

short.travel/sin7 Die Thorntree-Community tauscht Erfahrungen und nützliche Tipps rund um Singapur aus: Welche Unterkünfte besonders billig oder welches China-Restaurant auf keinen Fall zu empfehlen ist

VIDEOS & MUSIK

short.travel/sin2 Hier geht es ausschließlich und unterhaltsam um Singapurs Lieblingsessen: Pepper Crab

short.travel/sin9 Hintergrundinfos und Bilder zum Bau des Marina-Bay-Sands-Komplexes

short.travel/sin4 Einführung in die Stadt von Discovery Channel, auch mit historischen Aufnahmen

APPS

iChangi Die App für Flüge von und nach Singapurs Changi Airport

gothere.sg Den Überblick verloren? Diese gute App hilft Ihnen, sich in der Stadt zurechtzufinden

grabtaxi und easytaxi Mit Hilfe dieser beiden Apps können Sie (fast) jederzeit und überall ein Taxi rufen

PRAKTISCHE HINWEISE

ANREISE

Expressbusse aus Kuala Lumpur (min. 5 Std.) kommen an der Lavender Street Bus Station (135 E–F 2–3) (*m L1*) (*MRT EW11 Lavender*) oder am Golden Mile Komplex (135 F5) (*m L2*) (*MRT C5 Nicoll Highway*) an.

Die meisten Besucher landen auf dem Flughafen Changi (0) (*m e3–4*). Direkt unter den Abfertigungshallen 2 und 3 liegen die MRT-Stationen. Die Züge fahren alle zwölf Minuten zwischen 5.30 und 23.18 Uhr Richtung Innenstadt (Orchard mit MRT NS 22), die Fahrt kostet 2,30 S$. Aus der Innenstadt fährt die letzte MRT um 23.25 Uhr von der Station Orchard Road. Ebenfalls vom Tiefgeschoss aus fährt die klimatisierte Buslinie 36 alle zehn Minuten bis zur Orchard Road. Eine Fahrt kostet 2 S$. Die Münzen müssen Sie abgezählt bereithalten. Außerdem gibt es Taxis (Fahrtzeit ca. 20 Min., rd. 40 S$), Maxicabs (für 7 Personen ab 40 S$), Mercedes-Limousinen (ab 45 S$) und Hotelbusse.

Kreuzfahrtschiffe und Fähren nach Batam legen am Cruise Centre *(www.singaporecruise.com.sg)* beim Harbour Front Centre (132 C2) (*m B8*) an. Von dort fährt die MRT NE zur Orchard Road (CC 1, NS 24, NE 6 Dhoby Ghaut). Die Fähren zu den Southern Islands legen vom Marina South Pier *(MRT NS 28 Marina Pier | www.islandcruise.com.sg)* ab. Fähren nach Bintan starten am Tanah Merah Ferry Terminal (0) (*m e4*) (am besten mit dem Taxi). Gute Infos zu den Inseln und weiteren Ausflügen unter *www.wildsingapore.com* und *www.nparks.gov.sg*.

GRÜN & FAIR REISEN

Auf Reisen können auch Sie viel bewirken. Behalten Sie nicht nur die CO_2-Bilanz für Hin- und Rückreise im Hinterkopf *(www.atmosfair.de; de.myclimate.org)* – etwa indem Sie Ihre Route umweltgerecht planen *(www.routerank.com)* –, sondern achten Sie auch Natur und Kultur im Reiseland *(www.gate-tourismus.de; www.ecotrans.de)*. Gerade als Tourist ist es wichtig, auf Aspekte wie Naturschutz *(www.nabu.de; www.wwf.de)*, regionale Produkte, wenig Autofahren, Wassersparen und vieles mehr zu achten. Wenn Sie mehr über ökologischen Tourismus erfahren wollen: europaweit *www.oete.de*; weltweit *www.germanwatch.org*

AUSKUNFT VOR DER REISE

SINGAPORE TOURISM BOARD
Hochstr. 35–37 | 60313 Frankfurt/Main | Tel. 069 9 20 77 00 | info@stb-germany.de

AUSKUNFT IN SINGAPUR

SINGAPORE TOURISM BOARD (STB) VISITOR INFORMATION CENTRES
Die Zentren sind hervorragend ausgestattet, ein Besuch gerade auf der Orchard Road lohnt.
– Orchard Gateway (134 A5) (*m G2*) *(216 Orchard Road)*
– Chinatown Visitor Centre (139 F4) (*m H5*) *(2 Banda Street)*

Von Anreise bis Zoll

Urlaub von Anfang bis Ende: die wichtigsten Adressen und Informationen für Ihre Singapurreise

Hotline: *Tel. (gratis) 1800736 2000* Grundlegende Informationen finden Sie auf der Webseite des Singapore Tourism Board *www.stb.com.sg* und auf *www.yoursingapore.com.*

BANKEN & GELDWECHSEL

Die besten Kurse bieten die Wechselstuben mit dem Zeichen „Authorized Money Changer" in vielen Einkaufszentren und Geschäftsstraßen. Vermeiden Sie den teuren Geldwechsel im Hotel. Beim Eintausch von Reiseschecks nehmen manche Banken hohe Gebühren. Die Zweigstellen der OCBC-Bank tauschen allerdings kostenlos. Ungünstig ist der Tausch in Europa vor der Reise.
Öffnungszeiten der Banken sind meist Mo–Fr 9.30–15 oder 16 Uhr, Sa 9.30–11 Uhr. Mehrere Zweigstellen der DBS-Bank sind samstags bis 15 Uhr geöffnet. Zahlreiche Geldautomaten akzeptieren Visa-, American Express und Mastercard-Karten wie auch die meisten größeren Geschäfte.

DIPLOMATISCHE VERTRETUNGEN

DEUTSCHE BOTSCHAFT
(140 B3) (*ℳ J5*)
50 Raffles Place | #12–00 | Singapore Land Tower | Tel. 65336002 | Notruf Tel. 98170414 | www.singapur.diplo.de | MRT NS 26, EW 14 Raffles Place

ÖSTERREICHISCHE HANDELSMISSION (AUSTRIAN EMBASSY (COMMERCIAL COUNSELLOR)) (135 D–E5) (*ℳ K2*)
600 North Bridge Road | #24–04/05 | Parkview Square | www.advan

tageaustria.org/sg | Tel. 63966350 | MRT EW 12 Bugis

WÄHRUNGSRECHNER

€	SGD	SGD	€
1	1,50	1	0,68
3	4,49	3	2,00
4	5,99	4	2,67
5	8,13	5	3,34
9	13,48	9	6,01
15	22,46	15	10,01
20	29,95	25	16,69
70	104,82	90	60,01
125	187,18	140	85,92

SCHWEIZER BOTSCHAFT
1 Swiss Club Link | Tel. 64685788 | www.eda.admin.ch/singapore | Taxi

EINREISE

Kein Visum notwendig. Einreise nur mit Reisepass, der noch mehr als sechs Monate gültig ist. Sie erhalten einen Stempel, der den Aufenthalt bis zu 30 Tagen erlaubt *(Verlängerung beim Immigration Department | Tel. 63916100).* Vor der Passkontrolle ist eine zweiseitige *Landing Card* auszufüllen. Deren Durchschrift bewahren Sie bis zur Ausreise auf.

GESUNDHEIT

Impfungen sind nicht vorgeschrieben und auch nicht nötig, außer bei Einreise aus einem Gelbfieber- oder Choleragebiet. Singapur ist nicht malariagefährdet, wohl aber gibt es Denguefieber. Das Leitungswasser kann problemlos getrunken werden. Nach einem Arzt fragen Sie am besten in Ihrem Hotel. Es gibt keine eigenen Apotheken. Medikamente bekommen Sie entweder direkt vom Arzt oder an der „Pharmacy"-Theke im hinteren Bereich der Drogeriemärkte *Guardian*.

INTERNET & WLAN

Wie fast überall auf der Welt bietet es sich auch in Singapur an, nach der Einreise eine SIM-Card für das Mobiltelefon zu kaufen. Die drei Telefongesellschaften Singapore Telecom (Singtel), Starhub und M1 bieten Prepaidkarten mit unterschiedlichen Leistungen an. Am Flughafen haben sie eigene Schalter, in der Stadt führen die meisten Geldwechsler und die 7-Eleven-Shops Karten. Sie brauchen für den Kauf Ihren Pass. Mit einer lokalen Telefonnummer können Sie sich an vielen Orten der Stadt in die Hotspots von *wireless@SG* einloggen.

KLEIDUNG

Tragen Sie Baumwolle, möglichst locker geschnitten, oder Funktionskleidung für heißes Wetter. Bei längeren Fußmärschen ist ein Regenschirm wichtig (Tropenschauer!). Hindu-Tempel und Moscheen dürfen Sie nur ohne Schuhe betreten.

NOTRUF & NÜTZLICHE RUFNUMMERN

Polizei (Tel. 999) Krankenwagen und Feuerwehr (Tel. 995)
24-Stunden-Notdienst in Krankenhäusern: *Gleneagles Hospital (Tel. 64737222); Mount Elizabeth Hospital (Tel. 67372666)* beide zentral gelegen und empfehlenswert

ÖFFENTLICHE VERKEHRSMITTEL

BUSSE UND MASS RAPID TRANSIT (MRT)

Die U-Bahn in Singapur ist hervorragend ausgebaut und klimatisiert. Selbst die Mobiltelefone funktionieren im Tunnel. Sie heißt Mass Rapid Transit, läuft nur unter ihrem Kürzel MRT. Es gibt fünf Linien: die North East Line (NE), die East West Line (EW), die North South Line (NS), die Circle Line mit der Kennung CC sowie die Downtown Line (DT). An der sechsten Linie, der Thomson East Coast Line (TEL), wird noch bis 2019 gebaut. Fahrten mit der MRT kosten zwischen 1 und 2,40 S$. MRT-Züge sind im Stadtgebiet von 5.30 bis 0.30 Uhr unterwegs.
Busse fahren alle sechs bis 30 Minuten von 5.15 Uhr bis Mitternacht. Die Fahrpreise liegen je nach Ziel zwischen 1 und

ADRESSEN IN SINGAPUR

Die Adressangaben in Singapur sind zunächst gewöhnungsbedürftig: Bei einem größeren Gebäude führen sie das Stockwerk und die Raumnummer auf. So lautet etwa die Anschrift der Lufthansa 390 Orchard Road, #05–01 Palais Renaissance. Das bedeutet, Sie finden das Büro an der Orchard Road, Hausnummer 390, in der fünften Etage (#05) des Einkaufszentrums Palais Renaissance. Auf der Etage wiederum tragen die Läden und Büros auch Hausnummern. Lufthansa hat die Nummer 1 (-01).

PRAKTISCHE HINWEISE

2,60 S$. Im Bus können Sie direkt beim Fahrer zahlen – das Geld muss abgezählt sein. Die *EZ-link Card (www.ezlink.com.sg)*, gesprochen „easy-link-card", ist eine aufladbare Mehrfachfahrkarte für Busse und MRT und kostet 15 oder 20 S$. Davon sind 5 S$ eine einmalige Kaufgebühr, die am Ende der Nutzung verfällt. Mit dieser Karte verringert sich der Fahrpreis deutlich. Eine spezielle EZ-link Card ist der *Singapore Tourist Pass*: Es gibt ihn für einen, zwei oder drei Tage für 20, 26 und 30 S$; er ermöglicht im gebuchten Zeitraum unbegrenzte Fahrten. Die 10 S$ Kaution bekommen Sie bei Rückgabe der Karte zurück. Die Karten und den hilfreichen Führer *Transit Link Guide* (5,90 S$) gibt es in den großen MRT-Stationen wie NS 22 Orchard Road. Weitere Informationen auf *www.smrt.com.sg* und *www.sbstransit.com.sg*

Es gibt zudem viele verschiedene Pässe mit unterschiedlichen Kombinationen öffentlicher Verkehrsmittel und dem Eintritt zu Attraktionen. Ein Beispiel ist der *Go-Singapore-Pass (www.gosingaporepass.com.sg),* der EZ-link-Karte und Eintrittskarte kombiniert – dadurch werden etwa *Zoo* oder *Universal Studios* billiger. Je nach Kombination und Geltungsdauer kostet der Pass ab 79 S$. Sie erhalten ihn an den MRT-Ticketschaltern in den Stationen Dhoby Ghaut (134 B6) (♟ H3) und Orchard (133 E4) (♟ F2). Der *Singapore-City-Pass (www.singaporecitypass.com)* gilt für einen bis drei Tage. Er bietet vergünstigten Eintritt zu den meisten Attraktionen und billigere Tourtickets. Für 68,90 (ein Tag), 88,90 (zwei Tage) und 159,90 S$ (drei Tage) gibt es ihn beim Riesenrad Singapore Flyer *(Tourist Hub #01–05)* .

STADTTOUREN

Deutschsprachig: Gudrun Wei bietet unter dem Dach von RMG Tours eine deutschsprachige Stadtrundfahrt *(tgl. 9–13 Uhr | Erw. 40, Kinder 20 S$ | www.rmgtours.com)* mit Chinatown, Little India, Merlion und Botanischem Garten an. Sie werden vom Bus abgeholt. *Martine Janssens (bis 4 Pers 120, ab 5 Pers. 150 S$/Std. | Tel. 91 07 17 05 | tinajanssens8@*

WAS KOSTET WIE VIEL?

Kaffee	**0,60–4 Euro**
	für eine Tasse Kaffee
Snack	**2,50–3,70 Euro**
	für die Portion Chicken Rice im Food Court
Bier	**6–10 Euro**
	für ein Glas Bier
Bootsfahrt	**9–20 Euro**
	Fahrt um die südlichen Inseln
Souvenir	**6,70 Euro**
	für drei Tischsets aus chinesischem Stoff
Kleidung	**8–20 Euro**
	für ein einfaches T-Shirt

---

gmail.com) offeriert auf Ihre Wünsche zugeschnittene Touren. Die **INSIDER TIPP** *German Association* (40–60 S$ pro Tour | *www.german-associaton.org.sg)* bietet Touren zu Kunst, Kultur und Natur in Singapur an – hier gibt es tiefe Einblicke von Landeskennern.

Englischsprachig sind die Touren mit *Duck & Hippo (Erw. 37, Kinder 27 S$ | www.ducktours.com.sg)*. Die Fahrten mit den ausgedienten Amphibienfahrzeugen der britischen und kanadischen Armee durch die Altstadt und hinein in die Marina Bay sind nicht nur für junge Gäste ein Riesenspaß. Der *SIA-Hop-On-Bus (tgl. 9–21 Uhr | Erw. 25, Kinder 15 S$ | www.siahopon.com)* von Singapore Airlines hat Tageskarten für eine feste Route durch die Stadt im Programm, Fluggäste von Singapore Airlines fahren kostenlos mit dem *Singapore Stopover Holiday (SSH) Pass*.

Fahrten mit der ● Fahrradriksha buchen Sie unter *www.toursinsingapore. com,* z. B. vier Stunden Nachtfahrt durch Chinatown einschließlich Abendessen für 68 S\$, oder bei *Luxury Tours & Travel (49 S\$ | Tel. 67 33 28 08 | www. b2bluxurytours.com)* eineinhalb Stunden durch Little India zur Arab Street, und bei *www.citytours.sg* bekommen Sie Tourpakete zu den Hauptattraktionen der Stadt, oft verbunden mit dem Ticket für das Riesenrad Singapore Flyer. Der Veranstalter *Tour East (www.toureast.net/singapore)* bietet gemeinsam mit dem *Chinatown Visitor Centre* profunde Ausflüge durch Chinatown an. Auf der dreistündigen

Tour *(28 S\$)* stehen Besuche bei Clans und landsmannschaftlichen Vereinigungen, traditionellen Geschäften wie dem Maskenbauer oder dem Kammhersteller sowie von Garküchen, wo Sie auch in die Töpfe gucken dürfen, *wetmarkets* und Lebensmittelgeschäften. Singapur von der Wasserseite zeigen die ● *Singapore River Cruise (23 S\$ | Tel. 63 36 6111 | www. rivercruise.com.sg).* Der *River Explorer (www.riverexplorer.sg)* kann wie ein Bus mit der *EZ-link Card* genutzt werden. Er kostet je nach Route 3 oder 4 S\$. Er startet bei der Marina Barrage und fährt den Singapore River hinauf.

TAXIS

Alle 28 000 Singapurer Taxis sind klimatisiert, haben geeichte Taxameter und sind im Vergleich zu Deutschland billig.

WETTER IN SINGAPUR

	Jan.	Feb.	März	April	Mai	Juni	Juli	Aug.	Sept.	Okt.	Nov.	Dez.
Tagestemperaturen in °C	30	30	31	31	31	31	31	31	30	31	30	29
Nachttemperaturen in °C	23	23	24	24	24	25	25	24	24	24	24	23
☀	5	6	6	6	6	6	6	6	6	5	5	4
☂	13	10	11	11	11	10	10	11	9	13	16	18
≈	27	27	28	28	28	29	28	28	28	28	28	27

☀ Sonnenschein Stunden/Tag ⚟ Niederschlag Tage/Monat ≈ Wassertemperaturen in °C

PRAKTISCHE HINWEISE

Sie können sie auf der Straße anhalten. Taxistände finden Sie vor allen größeren Einkaufszentren und vor Hotels. Telefonische Bestellung: *Comfort & City Cab (Tel. 65 52 11 11)*; *SMRT Taxi (Tel. 65 55 88 88)*; *Premier (Tel. 63 63 68 88)*; *Taxi-Hotline 63 42 52 22*.

Informationen zu allen Taxirufnummern und Preisen bietet *www.taxisingapore.com*. Die Preise und die vielen Zuschläge sind zudem auf einem Klebeschild auf den hinteren Seitenscheiben der Taxis aufgelistet. Generell betrügen die Taxifahrer nicht. Manchmal kommt es allerdings vor, dass sie Touristen ausländische Münzen als Wechselgeld zurückgeben. Beachten Sie die Anschnallpflicht.

POST

Zentrale Postämter sind *Tanglin Post Office* (132 C4) (*D2*) (*Mo–Fr 8.30–17, Sa bis 13 Uhr | 56 Tanglin Road | gegenüber Tanglin Mall*) und *Orchard Post* (133 E4) (*F2*) (*Mo–So 11–19 Uhr | 2 Orchard Turn | #B2–62 | Ion Orchard*). Briefpost können Sie mit Hilfe der Hotelrezeption verschicken. *Singapore Post (www.singpost.com)* sorgt auch für eine große Überraschung bei den Daheimgebliebenen: Sie können in Singapur **INSIDER TIPP** Ihr eigenes Foto als Briefmarke drucken lassen und damit dann Ihre Urlaubspost frankieren; „MyStamp" bietet aber nur das *Postamt 1 Killiney Road (MRT NS 23 Somerset)* (134 A5) (*G2*) an. Sie müssen dafür Ihr Wunschmotiv auf einem USB-Stick mitbringen.

REISEZEIT

Singapur hat zwei Jahreszeiten, aber es herrscht immer eine sehr hohe Luftfeuchtigkeit: die Trockenzeit (März–Okt.) mit Höchsttemperaturen von 33 Grad und die Regenzeit (Nov.–Feb.), in der das Thermometer bis auf 23 Grad fallen kann.

STROM

Netzspannung 220–240 Volt bei 50 Hertz. In den meisten Hotels passen deutsche Stecker; sonst sind Dreipunktstecker üblich (Adapter an der Rezeption und in vielen Läden).

TELEFON & HANDY

Internationale Telefonate bei allen Fernsprechern mit „IDD"-Symbol. Telefonkarten gibt es in Telecomshops, Postämtern, 7-Eleven-Shops und Wechselstuben (3–50 S$). Kreditkartentelefone gibt es beispielsweise am Flughafen, in Postämtern und Telecomshops. Vom Flughafen aus kann man lokale Gespräche kostenlos führen. Vorwahl Singapur: *0065*, Vorwahl nach Deutschland: *00149*, nach Österreich: *00143*, in die Schweiz: *00141*

ZEIT

Gegenüber Mitteleuropäischer Zeit ist der Stadtstaat Singapur im Sommer sechs, im Winter sieben Stunden voraus.

ZOLL

Zollfrei eingeführt werden können 1 l Spirituosen und kleine Mengen Parfum für den persönlichen Gebrauch, nicht aber Zigaretten! Verboten ist die Einfuhr von Pornografie und jeglicher Art von Rauschgift. *Zollauskunft (Tel. 65 42 70 58 | Tel. 63 55 20 00 | www.customs.gov.sg)*

Bei der Heimkehr dürfen Sie zollfrei mit sich führen: 200 Zigaretten oder 50 Zigarren, 1 l Spirituosen mit über 22 Prozent, 50 ml Parfum oder 250 ml Eau de Toilette sowie Einkäufe bis zu einem Gesamtwert von 430 Euro.

SPRACHFÜHRER ENGLISCH

AUSSPRACHE

Zur Erleichterung der Aussprache sind alle englischen Wörter mit einer einfachen Aussprache (in eckigen Klammern) versehen. Folgende Zeichen sind Sonderzeichen:

θ   hartes [s] (gesprochen mit Zungenspitze an der oberen Zahnreihe, zischend)

D   weiches [s] (gesprochen mit Zungenspitze an der oberen Zahnreihe, summend)

'   nachfolgende Silbe wird betont

ə   angedeutetes [e] (wie in „Bitte")

AUF EINEN BLICK

ja/nein/vielleicht	yes [jäs]/no [nəu]/maybe [mäibi]
bitte/danke	please [plihs]/thank you [θänkju]
Entschuldige!	Sorry! [Sori]
Entschuldigen Sie!	Excuse me! [Iks'kjuhs mi]
Darf ich ...?	May I ...? [mäi ai ...?]
Wie bitte?	Pardon? ['pahdn?]
Ich möchte .../Haben Sie ...?	I would like to ...[ai wudd 'laik tə ...]/ Have you got ...? ['Həw ju got ...?]
Wie viel kostet ...?	How much is ...? ['hau matsch is ...]
Das gefällt mir (nicht).	I (don't) like this. [Ai (dəunt) laik Dis]
gut/schlecht	good [gud]/bad [bäd]
offen/geschlossen	open ['oupän]/closed ['klousd]
kaputt/funktioniert nicht	broken ['brəukən]/doesn't work ['dasənd wörk]
Hilfe!/Achtung!/Vorsicht!	Help! [hälp]/Attention! [ə'tänschən]/Caution! ['koschən]

BEGRÜSSUNG & ABSCHIED

Guten Morgen!/Tag!	Good morning! [gud 'mohning]/ afternoon! [aftə'nuhn]
Gute(n) Abend!/Nacht!	Good evening! [gud 'ihwning]/night! [nait]
Hallo!/Auf Wiedersehen!	Hello! [hə'ləu]/Goodbye! [gud'bai]
Tschüss!	Bye! [bai]
Ich heiße ...	My name is ... [mai näim is ...]
Wie heißen Sie/heißt Du?	What's your name? [wots jur näim?]
Ich komme aus ...	I'm from ... [Aim from ...]

126

Do you speak English?

„Sprichst du Englisch?" Dieser Sprachführer hilft Ihnen, die wichtigsten Wörter und Sätze auf Englisch zu sagen

DATUMS- & ZEITANGABEN

Montag/Dienstag	monday ['mandäi]/tuesday ['tjuhsdäi]
Mittwoch/Donnerstag	wednesday ['wänsdäi]/thursday ['θöhsdäi]
Freitag/Samstag	friday ['fraidäi]/saturday ['sätərdäi]
Sonntag/Werktag	sunday ['sandäi]/weekday ['wihkdäi]
Feiertag	holiday ['holidäi]
heute/morgen/gestern	today [tə'däi]/tomorrow [tə'morəu]/yesterday ['jästədäi]
Stunde/Minute	hour ['auər]/minutes ['minəts]
Tag/Nacht/Woche	day [däi]/night [nait]/week [wihk]
Monat/Jahr	month [manθ]/year [jiər]
Wie viel Uhr ist es?	What time is it? [wot 'taim is it?]
Es ist drei Uhr.	It's three o'clock. [its θrih əklok]

UNTERWEGS

links/rechts	left [läft]/right [rait]
geradeaus/zurück	straight ahead [streit ə'hät]/back [bäk]
nah/weit	near [niə]/far [fahr]
Eingang/Einfahrt	entrance ['äntrənts]/driveway ['draifwäi]
Ausgang/Ausfahrt	exit [ägsit]/exit [ägsit]
Abfahrt/Abflug/Ankunft	departure [dih'pahtschə]/departure [dih'pahtschə]/arrival [ə'raiwəl]
Darf ich Sie fotografieren?	May I take a picture of you? [mäi ai täik ə 'piktscha of ju?]
Wo ist ...?/Wo sind ...?	Where is ...? ['weə is...?]/Where are ...? ['weə ahr ...?]
Toiletten/Damen/Herren	toilets ['toilət] (auch: restrooms [restruhms])/ladies ['läidihs]/gentlemen ['dschäntlmən]
Bus/Straßenbahn	bus [bas]/tram [träm]
U-Bahn/Taxi	underground ['andəgraunt]/taxi ['tägsi]
Parkplatz/Parkhaus	parking place ['pahking pläis]/car park ['kahr pahk]
Stadtplan/(Land-)Karte	street map [striht mäp]/map [mäp]
Bahnhof/Hafen	(train) station [(träin) stäischən]/harbour [hahbə]
Flughafen	airport ['eəpohrt]
Fahrplan/Fahrschein	schedule ['skädjuhl]/ticket ['tikət]
Zug/Gleis	train [träin]/track [träk]
einfach/hin und zurück	single ['singəl]/return [ri'törn]
Ich möchte ... mieten.	I would like to rent ... [Ai wud laik tə ränt ...]
ein Auto/ein Fahrrad	a car [ə kahr]/a bicycle [ə 'baisikl]
Tankstelle	petrol station ['pätrol stäischən]
Benzin/Diesel	petrol ['pätrəl]/diesel ['dihsəl]
Panne/Werkstatt	breakdown [bräikdaun]/garage ['gärasch]

127

ESSEN & TRINKEN

Reservieren Sie uns bitte für heute Abend einen Tisch für vier Personen.	Could you please book a table for tonight for four? ['kudd juh 'plihs buck ə 'täibəl for tunait for fohr?]
Die Speisekarte, bitte.	The menue, please. [Də 'mänjuh plihs]
Könnte ich bitte ... haben?	May I have ...? [mäi ai häw ...?]
Messer/Gabel/Löffel	knife [naif]/fork [fohrk]/spoon [spuhn]
Salz/Pfeffer/Zucker	salt [sohlt]/pepper ['päppə]/sugar ['schuggə]
Essig/Öl	vinegar ['viniga]/oil [oil]
Milch/Sahne/Zitrone	milk [milk]/cream [krihm]/lemon ['lämən]
mit/ohne Eis/Kohlensäure	with [wiD]/without ice [wiD'aut ais]/gas [gäs]
Vegetarier(in)/Allergie	vegetarian [wätschə'täriən]/allergy ['ällədschi]
Ich möchte zahlen, bitte.	May I have the bill, please? [mäi ai häw De bill plihs]
Rechnung/Quittung	invoice ['inwois]/receipt [ri'ssiht]

EINKAUFEN

Wo finde ich ...?	Where can I find ...? [weə kän ai faind ...?]
Ich möchte .../Ich suche ...	I would like to ... [ai wudd laik tu]/I'm looking for ... [aim luckin foə]
Brennen Sie Fotos auf CD?	Do you burn photos on CD? [Du ju börn 'fəutəus on cidi?]
Apotheke/Drogerie	pharmacy ['farməssi]/chemist ['kemist]
Bäckerei/Markt	bakery ['bäikəri]/market ['mahkit]
Lebensmittelgeschäft	grocery ['grəuscheri]
Supermarkt	supermarket ['sjupəmahkət]
100 Gramm/1 Kilo	100 gram [won 'handrəd gräm]/1 kilo [won kiləu]
teuer/billig/Preis	expensive [iks'pänsif]/cheap [tschihp]/price [prais]
mehr/weniger	more [mor]/less [läss]
aus biologischem Anbau	organic [or'gännik]

ÜBERNACHTEN

Ich habe ein Zimmer reserviert.	I have booked a room. [ai häw buckt ə ruhm]
Haben Sie noch ...?	Do you have any ... left? [du ju häf änni ... läft?]
Einzelzimmer	single room ['singəl ruhm]
Doppelzimmer	double room ['dabbəl ruhm] (Bei zwei Einzelbetten: twin room ['twinn ruhm])
Frühstück/Halbpension	breakfast ['bräckfəst]/half-board ['hahf boəd]
Vollpension	full-board [full boəd]
Dusche/Bad	shower ['schauər]/bath [bahθ]
Balkon/Terrasse	balcony ['bälkəni]/terrace ['tärräs]
Schlüssel/Zimmerkarte	key [ki]/room card ['ruhm kahd]
Gepäck/Koffer/Tasche	luggage ['laggətsch]/suitcase ['sjutkäis]/bag [bäg]

SPRACHFÜHRER

BANKEN & GELD

Bank/Geldautomat	bank [bänk]/ATM [äi ti äm]/cash machine ['käschməschin]
Geheimzahl	pin [pin]
Ich möchte ... Euro wechseln.	I'd like to change ... Euro. [aid laik tu tschäindsch ... iuhro]
bar/ec-Karte/Kreditkarte	cash [käsch]/ATM card [äi ti äm kahrd]/credit card [krädit kahrd]
Banknote/Münze	note [nout]/coin [koin]
Wechselgeld	change [tschäindsch]

TELEKOMMUNIKATION & MEDIEN

Ich suche eine Prepaid-karte.	I'm looking for a prepaid card. [aim 'lucking fohr ə 'pripäid kahd]
Wo finde ich einen Internetzugang?	Where can I find internet access? [wär känn ai faind 'internet 'äkzäss?]
Brauche ich eine spezielle Vorwahl?	Do I need a special area code? [du ai nihd ə 'späschəl 'äria koud?]
Computer/Batterie/Akku	computer [komp'jutə]/battery ['bättəri]/recharge-able battery [ri'tschahdschəbəl 'bättəri]
At-Zeichen („Klammeraffe")	at symbol [ät 'simbəl]
Internetanschluss/WLAN	internet connection ['internet kə'näktschən]/Wifi [waifai] (auch: Wireless LAN ['waərläss lan])
E-Mail/Datei/ausdrucken	email ['imäil]/file [fail]/print [print]

ZAHLEN

0	zero ['sirou]		18	eighteen [äi'tihn]
1	one [wan]		19	nineteen [nain'tihn]
2	two [tuh]		20	twenty ['twänti]
3	three [θri]		21	twenty-one ['twänti 'wan]
4	four [fohr]		30	thirty [θör'ti]
5	five [faiw]		40	fourty [fohr'ti]
6	six [siks]		50	fifty [fif'ti]
7	seven ['säwən]		60	sixty [siks'ti]
8	eight [äit]		70	seventy ['säwənti]
9	nine [nain]		80	eighty ['äiti]
10	ten [tän]		90	ninety ['nainti]
11	eleven [i'läwn]		100	(one) hundred [('wan) 'handrəd]
12	twelve [twälw]		200	two hundred ['tuh 'handrəd]
13	thirteen [θör'tihn]		1000	(one) thousand [('wan) θausənd]
14	fourteen [fohr'tihn]		2000	two thousand ['tuh θausənd]
15	fifteen [fif'tihn]		10000	ten thousand ['tän θausənd]
16	sixteen [siks'tihn]		1/2	a/one half [ə/wan 'hahf]
17	seventeen ['säwəntihn]		1/4	a/one quarter [ə/wan 'kwohtə]

CITYATLAS

▬ Verlauf der Erlebnistour „Perfekt im Überblick"
▬ Verlauf der Erlebnistouren

Der Gesamtverlauf aller Touren ist auch in der herausnehmbaren Faltkarte eingetragen

Bild: Blick auf die Westseite der Marina Bay

Unterwegs in Singapur

Die Seiteneinteilung für den Cityatlas finden Sie auf dem hinteren Umschlag dieses Reiseführers

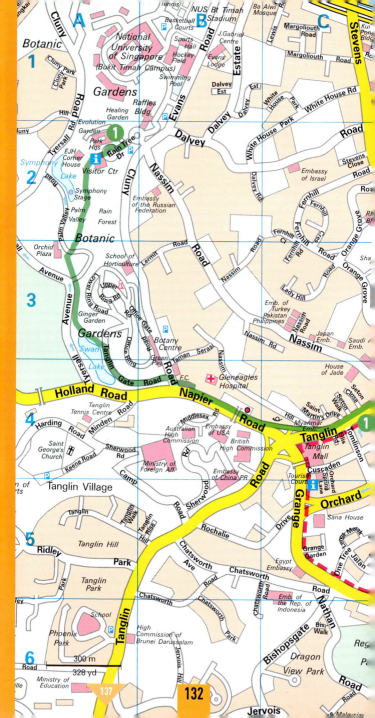

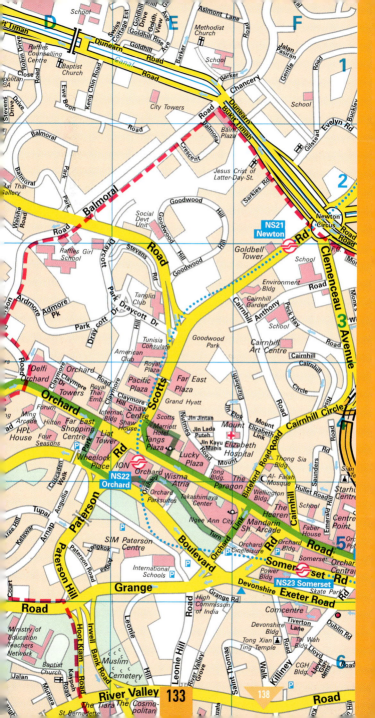

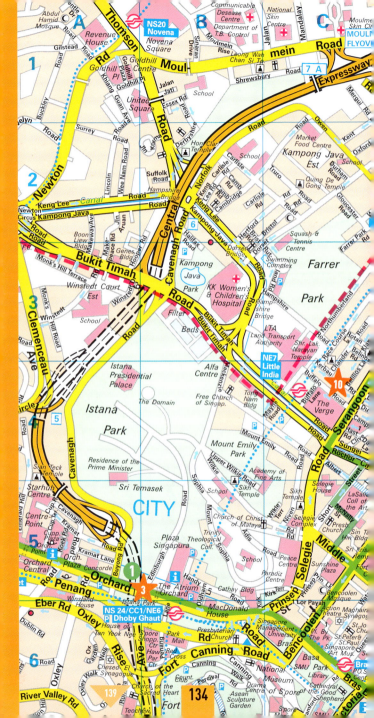

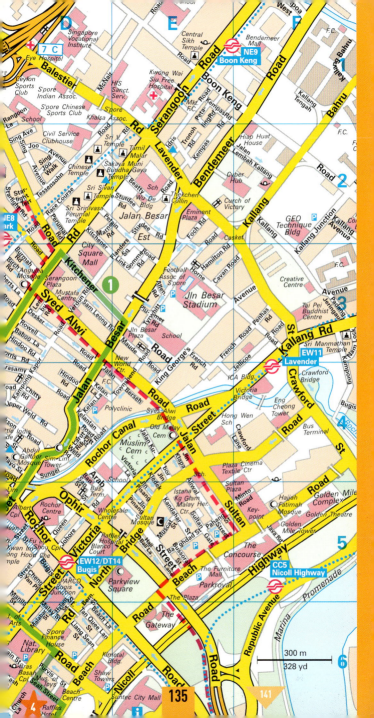

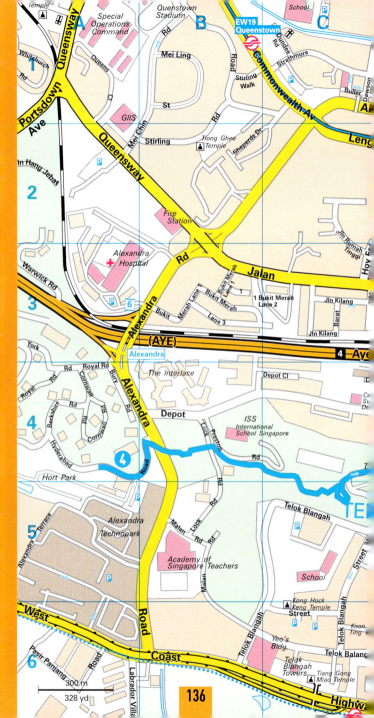

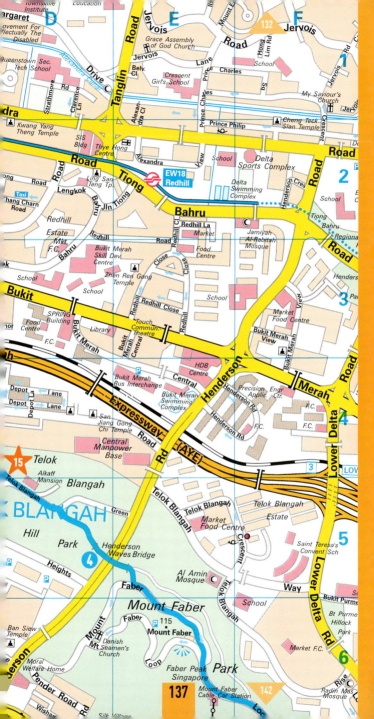

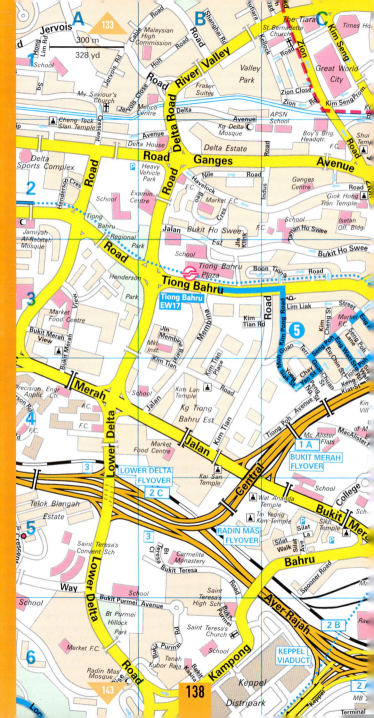

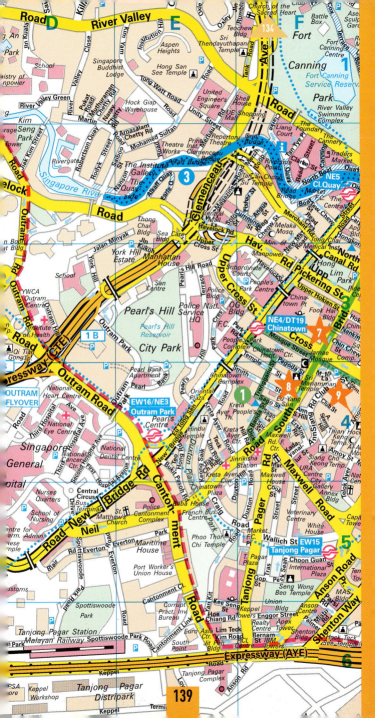

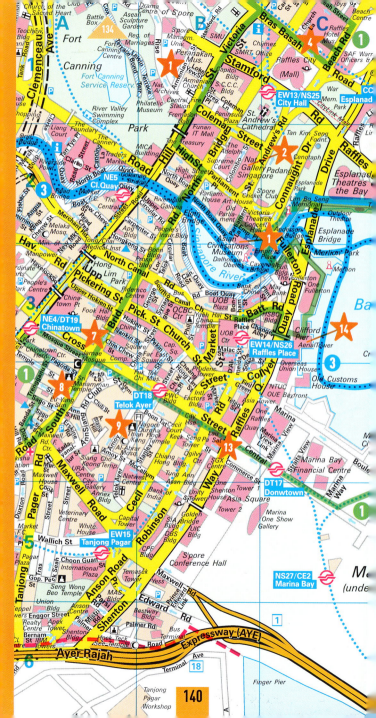

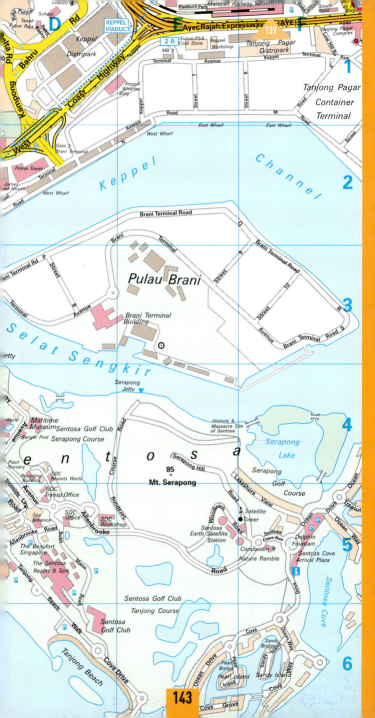

Das Register enthält eine Auswahl der im Cityatlas dargestellten Straßen und Plätze

A

Adis Road **134/B5**
Admore Park **133/D3**
Albert Street **134/C4**
Alexandra Close **137/E2**
Alexandra Road **136/A3-A4-C1**
Alexandra Terrace **136/A5**
Alexandra View **137/E2**
Aliwal Street **135/E4**
Alkaff Quay **139/E2**
Allanbrooke Road (Sentosa)
   143/D5
Allenby Road **135/E3**
Amoy Street **139/F4-140/A4**
Anderson Road **133/D3**
Angullia Park **133/D5**
Angus Street **139/F2-140/A2**
Ann Siang Hill **139/F4-140/A4**
Ann Siang Road **139/F4-140/A4**
Anson Road **139/E6-140/A5**
Anthony Road **133/F3**
Arab Street **135/D4**
Ardmore Park **133/D3**
Armenian Street **140/B1**
Arnap, Jalan **132/C5**
Arnasalam Chetty Road **139/E2**
Artillery Avenue (Sentosa)
   142/C4
Aruan, Jalan **134/A2**
Ayer Rajah Expressway (AYE)
   136/C3-138/C6

B

Baboo Lane **135/D3**
Baghdad Street **135/E5**
Bain Street **135/D6**
Balestier Road **135/D1**
Bali Lane **135/E5**
Balmoral Crescent **133/E1**
Balmoral Park **133/D2**
Balmoral Road **133/D2**
Banda Street **139/F4-140/A4**
Ban San Street **135/D4**
Barker Road **133/E1**
Battery Road **140/B3**
Bay East Drive **141/F1**
Bayfront Avenue **140/C5**
Bayfront Bridge **141/D3**
Bayfront Link **141/D4**
Beach Lane **135/D6**
Beach Road **135/D6-E5-140/C1**
Beach View (Sentosa) **142/C4**
Beatty Road **135/E2**
Belilios Lane **134/C4**
Belinos Road **134/C3**
Belvedere Close **137/E1**
Bencoolen Link **135/D5**
Bencoolen Street **134/C6**
Bendemeer Road **135/E2**
Benjamin Sheares Bridge **141/E3**
Beo Crescent **138/B2**
Berkshire Road **136/A4**
Bernam Street **139/F6-140/A6**
Bernard Street **135/D6**
Berseh, Jalan **135/D4**
Besar, Jalan **135/D4**
Bideford Road **133/F5**
Birch Road **135/D3**

Bishopsgate **132/C6**
Bishopswalk **132/C6**
Blair road **139/D5**
Boat Quay **139/F2-140/A2-B2-B3**
Bond Terrace **139/F1-140/A1**
Bonham Street **140/B3**
Boon Keng Road **135/E1**
Boon Tat Street **140/B4**
Brani Terminal Avenue
   142/C3-143/D2
Bras Basah Road **134/C6-140/B1**
Bristol Road **134/B2-C2**
Buckley Road **133/F1-134/A1**
Buffalo Lane **134/C4**
Buffalo Road **134/C4**
Bugis Street **135/D5**
Bukit Chermin Road **142/A2**
Bukit Ho Swee, Jalan **138/B2**
Bukit Kasita **138/B6-143/D1**
Bukit Mansi Road **143/D5**
Bukit Merah, Jalan
   136/B3-138/B4
Bukit Merah Central **137/D3-E3**
Bukit Merah Lane **136/B3**
Bukit Merah View
   137/F3-F4-138/A3-A4
Bukit Pasoh Road **139/E4**
Bukit Purmei **138/B6**
Bukit Purmei Avenue
   137/F6-138/A6
Bukit Purmei Road
   138/B6-143/D1
Bukit Teresa Close **138/B5**
Bukit Teresa Road **138/B5**
Bukit Timah Road
   132/C1-133/E1-134/A3-B3
Burmah Road **135/D3**
Bussorah Street **135/E5**
Buyong Road **134/A5**

C

Cable Car Road (Sentosa)
   142/B4
Cable Road **137/F1-138/A1**
Cairnhill Circle **133/F4**
Cairnhill Rise **133/F3**
Cairnhill Road **133/E3-F5**
Cambridge Road **134/B2**
Cameron Court **133/D5**
Campbell Lane **134/C4**
Camp Road **132/A4**
Canning Lane **139/F2-140/A2**
Canning Rise **134/B6**
Canning Walk **134/B6**
Cantonment Close **139/E6**
Cantonment Link **139/E6**
Cantonment Road **139/E4**
Canton Street **140/B3**
Carlisle Road **134/B2**
Carpenter Street **139/F2-140/A2**
Carver Street **135/D6**
Cashin Street **135/D6**
Cavan Road **135/E3**
Cavenagh Road **134/A5-A4-B3**
Cecil Street **140/A5**
Central Boulevard **140/B4**
Central Circus **139/D5**
Central Expressway (CTE)

   134/B2-138/B5
Chancery Lane **133/E1**
Chander Road **134/C4**
Chang Charn Road **137/D2**
Change Alley **140/B3**
Chatsworth Avenue **132/B5**
Chatsworth Park **132/B5**
Chatsworth Road **132/B6-B5**
Chay Yan Street **138/C4**
Cheang Hong Lim Street **140/B4**
Cheang Wan Seng Place **140/B4**
Cheng Yan Place **135/D5**
China Street **139/F4-140/A4**
Chin Chew Street **139/F3-140/A3**
Chitty Road **135/D4**
Choon Guan Street
   139/F5-140/A5
Chulia Street **140/B3**
Church Lane **140/C1**
Church Street **140/B3**
Circular Road **140/B2**
Clarence Lane **137/D1**
Clarke Quay **139/F1-140/A1**
Clarke Street **139/F2-140/A2**
Claymore Drive **133/D4**
Claymore Hill **133/E4-D4**
Claymore Road **133/D4**
Clemenceau Avenue **133/F3-134/**
   A3-139/E2-140/A1
Clive Street **134/C4**
Club Street **139/F4-140/A4**
Cluny Park **132/A1**
Cluny Road **132/A1-A2**
Coleman Lane **140/B1**
Coleman Street **140/B1**
College Road **138/C5**
Collyer Quay **140/B4**
Colombo Street **140/B2**
Commerce Street **140/B3**
Connaught Drive **140/C2**
Cook Street **139/F5-140/A5**
Cornwall Road **136/A4**
Cove Drive (Sentosa) **143/E6**
Cove Grove (Sentosa) **143/E6**
Cove Way (Sentosa) **143/F6**
Cox Terrace **134/B6**
Craig Road **139/E5**
Crawford Lane **135/F4**
Crawford Street **135/F4**
Cross Street **139/F3-140/A3**
Cuff Road **134/C4**
Cumming Street **139/E2**
Cuppage Road **134/A5**
Cuscaden Road **132/C4**
Cuscaden Walk **133/D5**

D

Dalhousie Lane **134/C4**
D'Almeida Street **140/B4**
Dalvey Estate **132/B1-B2**
Dalvey Road **132/B2**
Delta Avenue **138/B1**
Delta Road **138/B2**
Depot Road **136/B4**
Derbyshire Road **134/B2**
Desker Road **135/D3**
De Souza Street **140/B3**
Devonshire Road **133/F5**

144

STRASSENREGISTER

Dickenson Hill Road **139/F4-140/A4**
Dickson Road **135/D4**
Dorset Road **134/B3**
Draycott Drive **133/D3-E3**
Draycott Park **133/D2**
Dublin Road **133/F6-134/A6**
Dundee Road **136/C1**
Dunearn Road **133/D1-E1**
Dunlop Street **134/C4**
Durham Road **134/C2**
Duxton Hill **139/E5**
Duxton Road **139/F5-140/A5**

E

Earle Quay **139/E2**
East Coast Parkway (ECP) **141/F1-D4**
Eber Road **134/A6**
Edinburgh Road **134/B5**
Elok, Jalan **133/E4**
Emerald Hill Road **133/F5-134/A5**
Enggor Street **139/F6-140/A6**
Eng Hoon Street **138/C3**
Eng Watt Street **138/C3**
Erskine Road **139/F4-140/A4**
Esplanade Drive **140/C3**
Essex Road **134/B1**
Eu Chin Street **138/C3**
Eu Tong Sen Street **139/E4**
Evans Road **132/B2**
Evelyn Road **133/F2**
Everton Park **139/D5**
Everton Road **139/D5**
Ewe Boon Road **133/D1**
Exeter Road **133/F5**

F

Fernhill Close **132/C2**
Fernhill Crescent **132/C2**
Fernhill Road **132/C2-C3**
Finlayson Green **140/B4**
First Hospital Avenue **139/D4**
Fisher Street **139/F2-140/A2**
Flanders Square **135/E3**
Flint Street **140/C3**
Foch Road **135/E2**
Fort Canning Road **134/B6**
French Road **135/E3**
Fullerton Road **140/C2**

G

Ganges Avenue **138/B2**
Gateway Avenue (Sentosa) **142/C4**
Gemmill Lane **139/F4-140/A4**
Gentle Road **133/F1**
George Street **140/B3**
Gilstead Road **133/F2-134/A1**
Gloucester Road **134/C2**
Goldhill Avenue **133/E1**
Goldhill Drive **133/E1**
Goldhill Plaza **134/A1**
Goldhill Rise **133/E1**
Goldhill View **133/E1**
Goodwood Hill **133/E2-E3**
Gopeng Street **139/F5-140/A5**
Grange Garden **132/C5**

Grange Road **132/C5-133/E5**
Guan Chuan Street **138/C4**

H

Haji Lane **135/E5**
Halifax Road **134/B2**
Hamilton Road **135/E3**
Hampshire Road **134/B3**
Handy Road **134/B5**
Harding Road **132/A4**
Hastings Road **134/C4**
Havelock Road **134/B2-C2-139/E2-F2-140/A2**
Havelock Square **139/F3-140/A3**
Henderson Crescent **137/F2-138/A2**
Henderson Road **137/D6-E4-142/A1**
Hertford Road **134/B2**
High Street **140/B2**
Hill Street **140/B2**
Hindoo Road **135/D4-D3**
Hoe Chiang Road **139/E6**
Hokien Street **139/F3-140/A3**
Holt Road **138/B1**
Hongkong Street **139/F2-140/A2**
Hong Lim Road **137/F1-138/A1**
Hoot Kiam Road **133/D6**
Horne Road **135/E3**
Hospital Drive **138/C5**
Hoy Fatt Road **136/C3**
Hullet Road **133/F5**
Hylam Street **135/D6**

I

Idris Road **135/E2**
Imbiah Road **142/B3**
Imbiah Walk (Sentosa) **142/A3**
Indus Road **138/C2**
Institution Hill **139/E1**
Ironside Link (Sentosa) **143/D4**
Ironside Road (Sentosa) **142/C4**
Irwell Bank Road **133/D6**

J

Jati, Jalan **134/B1**
Jellicoe Road **135/F4**
Jervois Close **137/F1-138/A1**
Jervois Lane **137/E1**
Jervois Road **137/F1-138/A1**
Jiak Chuan Road **139/E4**
Jiak Kim Street **139/D2**
Jintan, Jalan **133/E4**
Johore Road **135/D5**
Joo Avenue **135/D2**

K

Kadayanallur Street **139/F4-140/A4**
Kallang Avenue **135/F2**
Kallang Bahru **135/F1-F2**
Kallang Junction **135/F3**
Kallang Road **135/F3**
Kallang Tengah **135/F1**
Kampong Bahru Road **138/B6-143/D1**
Kampong Bugis **135/F3**
Kampong Java Road **134/A2-B2**
Kampong Kapor Road **135/D4**

Kandahar Street **135/E5**
Kaypoh Road **133/D6**
Kayu Manis, Jalan **133/E4**
Keene Road **132/A4**
Kee Seng Street **139/E6**
Kelantan Lane **135/D4**
Kelantan Road **135/D4**
Kelawar, Jalan **132/C5**
Kellock Road **138/B1**
Kempas Road **135/E1-E2**
Keng Cheow Street **139/F2-140/A2**
Keng Chin Road **133/D1**
Keng Kiat Street **138/C4**
Keng Lee Road **134/B2-A2**
Kent Road **134/C2**
Keong Saik Road **139/E5**
Keppel Bay Drive **142/B2**
Keppel Hill **142/B1**
Keppel Road **139/D6-142/C2-143/E1**
Keppel Terminal Avenue **143/D2-E1-F1**
Kerbau Road **134/C4**
Khiang Guan Avenue **134/A1**
Killiney Road **133/F6-139/D1**
Kim Cheng Street **138/C3**
Kim Pong Road **138/C3**
Kim Seng Promenade **138/C1**
Kim Seng Road **138/C1**
Kim Tian Place **138/B4**
Kim Tian Road **138/B3-B4**
Kim Yam Road **133/F6-139/E1**
King George's Avenue **135/E4**
Kinta Road **135/D3**
Kirk Terrace **134/B6**
Kitchener Road **135/D3**
Klang Lane **134/C3**
Klang Road **134/C3**
Klapa, Jalan **135/E4**
Kledek, Jalan **135/E4**
Klink, Jalan **138/B3**
Koek Road **134/A5**
Korma, Jalan **134/B2**
Kramat Lane **134/A5**
Kramat Road **134/A5**
Kreta Ayer Road **139/E4**
Kubor, Jalan **135/E4**
Kukoh, Jalan **139/E2**

L

Labrador Villa Road **136/A6**
Lada Puteh, Jalan **133/E4**
Lady Hill Road **132/C3**
Lakeshore View (Sentosa) **143/E4**
Larkhill Road (Sentosa) **142/C4**
Larut Road **135/D4**
Lavender Street **135/E2**
Lembah Kallang, Jalan **135/F2**
Lembu Road **135/D3**
Leng Kee Road **136/C2**
Lengkok Angsa **133/D5**
Lengkok Bahru **136/C3-137/D2**
Lengkok Merak **132/C5**
Leonie Hill **133/E6**
Leonie Hill Road **133/E6**
Lermit Road **132/B3**
Lewin Terrace **139/F1-140/A1**

145

Lewis Road **132/C1**
Liang Sean Street **135/D6**
Lim Liak Street **138/C3**
Lim Teck Kim Road **139/E6**
Lincoln Road **134/A2**
Lloyd Gardens **133/F6**
Lloyd Road **133/F6**
Loke Yew Street **140/B1**
Lower Delta Road **137/F5-138/A5**
Lower Ring Road **132/A3**
Low Hill Road **139/E6-143/F1**

M

MacAlister Road **138/C4**
Mackenzie Road **134/B3**
Madras Street **134/C4**
Magazine Road **139/E2**
Makepeace Road **134/A3**
Makeway Avenue **134/A3**
Malabar Street **135/D6**
Malacca Street **140/B3**
Mandalay Road **134/C1**
Manila Street **135/D5**
Marang Road **142/C2**
Margaret Drive **137/D1**
Margoliouth Road **132/C1**
Marian Gardens Drive **141/F4**
Marina Boulevard
  140/C4-141/D5
Marina Coastal Expressway
  (MCE) **141/F6**
Marina Mall **141/E5-F4**
Marina South Promenade
  141/D4
Marina View **140/C4**
Marina View Link **140/B4**
Marina Way **140/C5**
Maritime Square **142/B2**
Market Street **140/B4**
Marne Road **135/D2**
Martin Road **139/D1**
Maude Road **135/E3**
Maxwell Road
  139/F4-140/B5-A4
Mayne Road **134/C4**
Mayo Street **135/D4**
McCallum Street **139/F4-140/A4**
McNair Road **135/D1**
Mei Chin Road **136/A2**
Mei Ling Street **136/B1**
Membina, Jalan **138/B4**
Membina Barat, Jalan **138/B3**
Merbau Road **139/E2**
Merchant Loop **139/F2-140/A2**
Merchant Road **139/F2-140/A2**
Mergui Road **134/C1**
Middle Road **134/C5**
Middlesex Road **132/B4**
Miller Street **135/D6**
Minden Road **132/A4**
Minto Road **135/F5**
Minyak, Jalan **139/D3**
Mistri Road **139/F6-140/A6**
Mohamed Ali Lane
  139/F4-140/A4
Mohamed Sultan Road **139/E2**
Moh Guan Terrace **138/C4**
Monk's Hill Road **133/F3-134/A3**
Monk's Hill Terrace

  133/F3-134/A3
Morse Road **142/B1**
Mosque Street **139/F3-140/A3**
Moulmein Rise **134/B1**
Moulmein Road **134/B1**
Mount Echo Park **137/E1**
Mount Elizabeth **133/E4**
Mount Elizabeth Link **133/F4**
Mount Emily Road **134/B4**
Mount Faber Loop
  137/D6-142/C1
Mount Sophia **134/B5**
Muscat Street **135/E5**
Muthuraman Chetty Road
  139/D1
Mutiara, Jalan **133/D6**

N

Nankin Street **139/F3-140/A3**
Nanson Road **139/E2**
Napier Road **132/B4**
Narayanan Chetty Road **139/D1**
Nassim Road **132/C3-B2-B3**
Nathan Road **132/C5**
Neil Road **139/D5**
New Bridge Road **139/D5-E4**
New Market Road
  139/F3-140/A3
Newton Circus **133/F2**
Newton Road **134/A2**
Nicoll Highway **135/E6**
Nile Road **138/B2**
Niven Road **134/C5**
Norfolk Road **134/B2**
Norris Road **135/D3**
North Boat Quay
  139/F2-140/A2-B2
North Bridge Road
  135/D5-140/B2
North Canal Road
  139/F3-140/A3
Northumberland Road **134/C3**
Nutmeg Road **133/E4**

O

Ocean Drive **143/F5**
Ocean Way **143/F5**
Office Gate Road **132/A3**
Office Ring Road **132/A3**
Oldham Lane **134/B6**
One Tree Hill **132/C5-133/D5**
Ophir Road **135/D5**
Orange Grove Road **132/C3**
Orchard Boulevard **132/C5**
Orchard Link **133/E5**
Orchard Road **133/D4-134/A5**
Orchard Turn **133/E5**
Outram Hill **139/D3**
Outram Park **139/D3-D4**
Outram Road **139/D3-D2-D4**
Owen Road **134/C1**
Oxford Road **134/C2**
Oxley Rise **134/A6**
Oxley Road **134/A6**
Oxley Walk **134/A6-139/E1**

P

Pagoda Street **139/F3-140/A3**
Pahang Street **135/E5**

Palawan Beach Walk (Sentosa)
  142/C4
Palmer Road **139/F6-140/A6**
Palm Valley Road **132/A3**
Park Crescent **139/E3**
Park Road **139/E3**
Parliament Lane **140/B2**
Parliament Place **140/B2**
Parsi Road **139/F5-140/A5**
Pasiran, Jalan **133/F1**
Pasir Panjang Road **136/A6**
Paterson Hill **133/D5**
Paterson Road **133/D5**
Pearl Bank **139/E4**
Pearl's Hill Road **139/E3**
Pearl's Hill Terrace **139/E4**
Peck Hay Road **133/F3**
Peck Seah Street **139/F5-140/A5**
Pekin Street **140/B3**
Penang Lane **134/B6**
Penang Road **134/A5**
Pender Road **137/D6-142/B1**
Peng Nguan Street **138/C4**
Penhas Road **135/F3**
Perak Road **135/D4**
Percival Road **134/B6**
Perumal Road **135/D5**
Petain Road **135/D2**
Petaling Road **135/E1**
Phillip Street **140/B3**
Pickering Street **140/A3**
Pinang, Jalan **135/E5**
Pisang, Jalan **135/E5**
Pitt Street **135/D4**
Plumer Road **135/E3**
Portsdown Avenue **136/A2**
Prince Charles Crescent **137/E2**
Prince Charles Square **137/E1**
Prince Edward Link **140/B6**
Prince Edward Road
  139/F5-140/A5
Prince Philip Avenue **137/E2**
Prinsep Link **134/C5**
Prinsep Street **134/C6-C5**
Pukat Road **139/D1**
Purvis Street **135/D6**

Q

Queens Close **136/A1**
Queen Street **134/C6-135/D5**
Queensway **136/A1**

R

Race Course Lane **134/C3**
Race Course Road
  134/C3-135/D2
Raeburn Park **138/C6**
Raffles Avenue **140/C2**
Raffles Boulevard **140/C1**
Raffles Link **140/C2**
Raffles Place **140/B3**
Raffles Quay **140/B4**
Rain Tree Drive **132/A2**
Rangoon Lane **135/D1**
Rangoon Road **134/C1**
Rappa Terrace **134/C3**
Read Crescent **139/F2-140/A2**
Read Street **139/F2-140/A2**
Redhill Close **137/E3**

STRASSENREGISTER

Redhill Lane **137/E2**
Redhill Road **137/D2**
Republic Avenue **135/F6**
Ridley Park **132/A5**
River Valley Close **139/D1**
River Valley Green **139/D1**
River Valley Grove **133/E6**
River Valley Road **133/D6-134/
    A6-138/B1-139/D1**
Road J **143/F1**
Road K **143/F1**
Road M **143/E1**
Road N **143/D2**
Roberts Lane **135/D3**
Robertson Quay **139/D2**
Robin Close **132/C1**
Robin Drive **133/D1**
Robin Lane **133/D1**
Robin Road **133/D2**
Robinson Road **140/B5**
Robin Walk **132/C1**
Rochalie Drive **132/B5**
Rochor Canal Road
    134/C4-135/D4
Rochor Road **135/D5**
Rodyk Street **139/D2**
Rowell Road **135/D3**
Rutland Road **134/B3**

S

Sago Lane **139/F4-140/A4**
Sago Street **139/F4-140/A4**
Saiboo Street **139/D2**
Saint Andrew's Road **140/B2**
Saint Gregory's Place **140/B1**
Saint Martin's Drive **132/C4**
Saint Thomas Walk **133/F6**
Sam Leong Road **135/D3**
Sarkies Road **133/F2**
Saunders Road **133/F5**
Scotts Road **133/E4**
Seah Im Road **142/C2**
Seah Street **135/D6**
Second Hospital Avenue **139/D5**
Selegie Road **134/C5**
Seng Poh Lane **138/C3**
Seng Poh Road **138/C3**
Sentosa Cove Avenue (Sentosa)
    143/F5
Sentosa Gateway **142/C3**
Serangoon Road **134/C4-135/E2**
Serapong Course Road (Sentosa)
    143/E4
Serapong Hill Road (Sentosa)
    143/E4
Seton Close **132/C4**
Seton Walk **132/C4**
Shanghai Road **133/D6-138/B1**
Sheares Avenue **141/D5**
Shenton Way **139/F6-140/A6**
Sherwood Road **132/B5-A4**
Short Street **134/C5**
Shrewsbury Road **134/B1**
Silat Avenue **138/C5**
Silat Lane **138/C5**
Silat Walk **138/C5**
Siloso Beach Walk (Sentosa)
    142/A3
Siloso Road **142/B3**

Sing Avenue **135/D2**
Sing Joo Walk **135/D2**
Sit Wah Road **138/C4**
Smith Street **139/E4**
Solomon Street **139/E2**
Somerset Road **133/F5**
Somme Road **135/E3**
Sophia Road **134/B4**
South Bridge Road
    139/F4-140/A4
South Canal Road **140/B3**
Spooner Road **138/C5**
Spottiswoode Park Road
    139/D5-D6
Stamford Road **140/B1**
Stanley Street **140/B4**
Starlight Road **135/D2**
Starlight Terrace **135/D2**
Stevens Close **132/C2**
Stevens Drive **132/C1-133/D1**
Stevens Road **132/C1-C2-133/E3**
Strathmore Road **137/D1**
Street 6 **143/F1**
Street 7 **143/E1**
Street 8 **143/D3**
Street 9 **143/F3**
Street 10 **143/F3**
Sturdee Road **135/E2**
Suffolk Road **134/B2**
Sultan, Jalan **135/E4**
Sultan Gate **135/E5**
Sungei Road **134/C4-135/D4**
Surrey Road **134/A2**
Swiss Cottage Estate **133/D1**
Syed Alwi Road **135/D3**
Synagogue Street **140/B3**

T

Taman Ho Swee **138/C3**
Taman Serasi **132/B4**
Tanglin Gate Road **132/A3**
Tanglin Hill **132/B5**
Tanglin Rise **132/B5**
Tanglin Road **132/C4-137/E1**
Tanglin Walk **132/A5**
Tanjong Beach Walk (Sentosa)
    143/F5
Tanjong Pagar Road
    139/F6-140/A6
Tank Road **139/F1-140/A1**
Tan Quee Lan Street **135/D6**
Tan Tock Seng, Jalan **134/C1**
Tan Tye Place **139/F2-140/A2**
Teck Lim Road **139/E4**
Telegraph Street **140/B4**
Telok, Lorong **140/B3**
Telok Ayer Street **139/F5-140/A5**
Telok Blangah Crescent **137/E5**
Telok Blangah Drive **136/C6**
Telok Blangah Green **137/D4**
Telok Blangah Heights **136/C5**
Telok Blangah Rise **137/E5**
Telok Blangah Street **136/B6**
Telok Blangah Way **137/E5**
Temasek Avenue **141/D1**
Temasek Boulevard **141/D1**
Temenggong Road **142/C1**
Temple Street **139/F3-140/A3**
Teo Hong Road **139/E4**

Tessensohn Road **135/D2**
Tew Chew Street **139/F2-140/A2**
Third Hospital Avenue **139/D4**
Tiong, Jalan **137/E2**
Tiong Bahru Road
    137/E2-138/B3
Tiong Boon Road **138/C3**
Tiong Poh Avenue **138/C4**
Tiong Poh Road **138/C4**
Tiverton Lane **133/F6**
Tomlinson Road **132/C4**
Tong Watt Road **139/E1**
Townshend Road **135/E4**
Tras Street **139/F5-140/A5**
Treasure Island **143/F5**
Trengganu Street **139/F4-140/A4**
Tronoh Road **135/E2**
Truro Road **134/C2**
Tupai, Jalan **133/D5**
Tyersall Avenue **132/A4**
Tyersall Road **132/A2**
Tyrwhitt Road **135/E3**

U

Unity Street **139/E1**
Upper Circular Road **140/B2**
Upper Cross Street **139/E2-E3**
Upper Dickson Road **134/C4**
Upper Hokien Street
    139/F3-140/A3
Upper Pickering Street
    139/F3-140/A3
Upper Ring Road **132/A3**
Upper Weld Road **135/D4**
Upper Wilkie Road **134/B4**

V

Veerasamy Road **135/D4**
Verdun Road **135/D3**
Victoria Street **135/D5-140/B1**

W

Wallich Street **139/F5-140/A5**
Walshe Road **133/D2**
Warwick Road **136/A3**
Waterloo Street **134/C6**
Wee Nam Road **134/A2**
Weld Road **135/D4**
West Coast Highway
    142/A1-143/D1
Whitchurch Road **136/A1**
White House Park **132/B2-C1**
White House Road **132/C1**
Wikie Terrace **134/C5**
Wilkie Road **134/B4**
Winstedt Drive **134/A3**
Winstedt Road **133/F3-134/A3**
Woodwich Road (Sentosa)
    143/E5
Worcester Road **134/C2**

Y

Yan Kit Road **139/E6**
Yong Siak Street **138/C4**
York Hill **139/D3**

Z

Zion Close **138/C1**
Zion Road **138/C1-C2**

KARTENLEGENDE

Motorway Autobahn		Autoroute Autosnelweg
Road with four lanes Vierspurige Straße		Route à quatre voies Weg met vier rijstroken
Federal road or trunk road Bundes- oder Fernstraße		Route nationale ou à grande circulation Rijksweg of weg voor interlokaal verkeer
Main Road Hauptstraße		Route principale Hoofdweg
Other Roads Sonstige Straßen		Autres routes Overige wegen
Information Information		Information Informatie
One way road Einbahnstraße		Rue à sens unique Straat met éénrichtingsverkeer
Pedestrian zone Fußgängerzone		Zone piétonne Voetgangerszone
Main railway with station Hauptbahn mit Bahnhof		Chemin de fer principal avec gare Belangrijke spoorweg met station
Other railways Sonstige Bahnen		Autres lignes Overige spoorwegen
Aerial cableway Kabinenschwebebahn		Téléférique Kabelbaan met cabine
Underground U-Bahn		Métro Ondergrondse spoorweg
Ferry line - Landing stelle Fährlinie - Anlegestelle		Ligne de bac - Embarcadère Veerdienst - Aanlegplaats
Church - Church of interest Kirche - Sehenswerte Kirche		Église - Église remarquable Kerk - Bezienswaardige kerk
Synagogue - Mosque Synagoge - Moschee		Synagogue - Mosquée Synagoge - Moskee
Temple - Temple of interest Tempel - Sehenswerter Tempel		Temple - Temple remarquable Tempel - Bezienswaardige tempel
Police station - Post office Polizeistation - Postamt		Poste de police - Bureau de poste Politiebureau - Postkantoor
Parking - Monument Parkplatz - Denkmal		Parking - Monument Parkeerplaats - Monument
Hospital Krankenhaus		Hôpital Ziekenhuis
Youth hostel - Camping site Jugendherberge - Campingplatz		Auberge de jeunesse - Terrain de camping Jeugdherberg - Kampeerterrein
Built-up area - Public building Bebaute Fläche - Öffentliches Gebäude		Zone bâtie - Bâtiment public Bebouwing - Openbaar gebouw
Industrial area Industriegelände		Zone industrielle Industrieterrein
Park, forest Park, Wald		Parc, bois Park, bos
Beach Strand		Plage Strand
Restricted traffic zone Zone mit Verkehrsbeschränkungen		Circulation réglementée par de péages Zone met Verkeersbeperkingen
MARCO POLO Discovery Tour 1 MARCO POLO Erlebnistour 1		MARCO POLO Tour d'aventure 1 MARCO POLO Avontuurlijke Route 1
MARCO POLO Discovery Tours MARCO POLO Erlebnistouren		MARCO POLO Tours d'aventure MARCO POLO Avontuurlijke Routes
MARCO POLO Highlight		MARCO POLO Highlight

FÜR IHRE NÄCHSTE REISE ...

ALLE **MARCO POLO** REISEFÜHRER

DEUTSCHLAND
Allgäu
Bayerischer Wald
Berlin
Bodensee
Chiemgau/
Berchtesgadener
Land
Dresden/
Sächsische Schweiz
Düsseldorf
Eifel
Erzgebirge/
Vogtland
Föhr & Amrum
Franken
Frankfurt
Hamburg
Harz
Heidelberg
Köln
Lausitz/Spreewald/
Zittauer Gebirge
Leipzig
Lüneburger Heide/
Wendland
Mecklenburgische
Seenplatte
Mosel
München
Nordseeküste
Schleswig-Holstein
Oberbayern
Ostfriesische Inseln
Ostfriesland/Nord-
seeküste Nieder-
sachsen/Helgoland
Ostseeküste
Mecklenburg-
Vorpommern
Ostseeküste
Schleswig-Holstein
Pfalz
Potsdam
Rheingau/
Wiesbaden
Rügen/Hiddensee/
Stralsund
Ruhrgebiet
Schwarzwald
Stuttgart
Sylt
Thüringen
Usedom
Weimar

ÖSTERREICH
SCHWEIZ
Kärnten
Österreich
Salzburger Land
Schweiz
Steiermark
Tessin
Tirol
Wien
Zürich

FRANKREICH
Bretagne
Burgund
Côte d'Azur/
Monaco
Elsass
Frankreich
Französische
Atlantikküste
Korsika
Languedoc-
Roussillon
Loire-Tal
Nizza/Antibes/
Cannes/Monaco
Normandie
Paris
Provence

ITALIEN
MALTA
Apulien
Dolomiten
Elba/Toskanischer
Archipel
Emilia-Romagna
Florenz
Gardasee
Golf von Neapel
Ischia
Italien
Italienische Adria
Italien Nord
Italien Süd
Kalabrien
Ligurien/
Cinque Terre
Mailand/
Lombardei
Malta & Gozo
Oberital. Seen
Piemont/Turin
Rom
Sardinien
Sizilien/
Liparische Inseln
Südtirol
Toskana
Venedig
Venetien & Friaul

SPANIEN
PORTUGAL
Algarve
Andalusien
Barcelona
Baskenland/
Bilbao
Costa Blanca
Costa Brava
Costa del Sol/
Granada
Fuerteventura
Gran Canaria
Ibiza/Formentera
Jakobsweg
Spanien
La Gomera/
El Hierro
Lanzarote
La Palma
Lissabon
Madeira
Madrid
Mallorca
Menorca
Portugal
Spanien
Teneriffa

NORDEUROPA
Bornholm
Dänemark
Finnland
Island
Kopenhagen
Norwegen
Oslo
Schweden
Stockholm
Südschweden

WESTEUROPA
BENELUX
Amsterdam
Brüssel
Dublin
Edinburgh
England
Flandern
Irland
Kanalinseln
London
Luxemburg
Niederlande
Niederländische
Küste
Schottland
Südengland

OSTEUROPA
Baltikum
Budapest
Danzig
Krakau
Masurische Seen
Moskau
Plattensee
Polen
Polnische
Ostseeküste/
Danzig
Prag
Slowakei
St. Petersburg
Tallinn
Tschechien
Ungarn
Warschau

SÜDOSTEUROPA
Bulgarien
Bulgarische
Schwarzmeerküste
Kroatische Küste
Dalmatien
Kroatische Küste
Istrien/Kvarner
Montenegro
Rumänien
Slowenien

GRIECHENLAND
TÜRKEI
ZYPERN
Athen
Chalkidiki/
Thessaloniki
Griechenland
Festland
Griechische Inseln/
Ägäis
Istanbul
Korfu
Kos
Kreta
Peloponnes
Rhodos
Samos
Santorin
Türkei
Türkische Südküste
Türkische Westküste
Zákinthos/Itháki/
Kefaloniá/Léfkas
Zypern

NORDAMERIKA
Chicago und
die Großen Seen
Florida
Hawai'i
Kalifornien
Kanada
Kanada Ost
Kanada West
Las Vegas
Los Angeles
New York
San Francisco
USA
USA Ost
USA Südstaaten/
New Orleans
USA Südwest
USA West
Washington D.C.

MITTEL- UND
SÜDAMERIKA
Argentinien
Brasilien
Chile
Costa Rica
Dominikanische
Republik
Jamaika
Karibik/
Große Antillen
Karibik/
Kleine Antillen
Kuba
Mexiko
Peru & Bolivien
Yucatán

AFRIKA UND
VORDERER
ORIENT
Ägypten
Djerba/
Südtunesien
Dubai
Israel
Jordanien
Kapstadt/
Wine Lands/
Garden Route
Kapverdische
Inseln
Kenia
Marokko
Namibia
Rotes Meer & Sinai
Südafrika
Tansania/Sansibar
Tunesien
Vereinigte
Arabische Emirate

ASIEN
Bali/Lombok/Gilis
Bangkok
China
Hongkong/Macau
Indien
Indien/Der Süden
Japan
Kambodscha
Ko Samui/
Ko Phangan
Krabi/
Ko Phi Phi/
Ko Lanta
Malaysia
Nepal
Peking
Philippinen
Phuket
Shanghai
Singapur
Sri Lanka
Thailand
Tokio
Vietnam

INDISCHER OZEAN
UND PAZIFIK
Australien
Malediven
Mauritius
Neuseeland
Seychellen

Viele MARCO POLO Reiseführer gibt es auch als eBook – und es kommen ständig neue dazu!
Checken Sie das aktuelle Angebot einfach auf: www.marcopolo.de/e-books

REGISTER

Im Register finden Sie alle in diesem Reiseführer erwähnten Sehenswürdigkeiten, Ausflugsziele und Strände sowie einige wichtige Straßen, Plätze, Namen und Begriffe. Gefettete Seitenzahlen verweisen auf den Haupteintrag.

313@Somerset (Mall) 36, **75**
Action Theatre 89
Alkaff Mansion 108
Arab Street 24, 27, 49, **50**, 124
Armenian Church 30
Art Science Museum 39
Art Stage 23
Arts House (Old Parliament) 31
Asian Civilisations Museum 26, **32**, 106
Bay South 40
Biennale 23, 36
Bishan-Ang Mo Kio Park 19
Boat Quay 24, 71, 83
Boon Lay 28
Botanic Gardens 22, 55, **57**, 88, 99, 114
Buddha Tooth Relic Temple 45
Cathay (Mall) 36, **75**, 88
Cathedral of the Good Shepherd 32
Cavenagh Bridge 32, 101, 106
Central Business District 26, 28, 37
Changi Beach Park 55
Chay Yan Street 111
Chettiar Temple 32
Chijmes **32**, 84
Chinatown 14, 15, 24, 26, 27, 44, **46**, 65, 66, 77, 78, 79, 80, 81, 88, 92, 94, 96, 97, 101, 117, 123, 124
Chinatown Heritage Centre 46
Chinatown Visitor Centre **46**, 124
Chinesische Straßenoper 88
Civil Defense Museum 115
Clarke Quay 45, 83, 93
Crane Dance 55
Dempsey Hill (Tanglin Village) **59**, 84
Dolphin Lagoon 57
East Coast 55, 69
East Coast Park **59**, 96
East Coast Road 102
Elgin Bridge 105
Eng Hoon Street 113
Esplanade Theatres on the Bay 29, **40**, 66, 72, 88, 101, 107
Faber Peak Singapore 54, 109
Far East Square 47
Fengshui **21**, 48
Formel 1 **43**, 61, 82, 116, 117
Fort Canning Park **33**, 89
Fountain of Wealth 36
Fuk Tak Ch'i Museum 47
Fullerton Hotel 26, 32, **34**, **94**
Fullerton, Sir Robert 34, 43
Fullerton-Komplex 43
Gardens by the Bay 23, 28, **40**, 68, 108
Geylang Serai 58
Gillman Barracks 23, 29, **78**, 108
Glücksspiel 25
Guan Chuan Street 112

Hajjah Fatimah Mosque 51
Harbourfront 52
hawker centres 20, 62, **65**, 71
Helix-Brücke 43
Henderson Waves 56, 108
Holland Village 58
Hort Park 56, 108
Imbiah Lookout (Vergnügungsviertel) 57
Indian Heritage Centre 51
Ion Orchard (Mall) 35, 72, **75**, 100
Istana 34
Jacob Ballas Children's Garden 114
Joo Chiat Road 103
Jubilee Hall 89
Jurong Bird Park 60
Kampong Glam **49**, 50, 84, 95, 97
Katong (Peranakan-Viertel) 69, 96, **102**
Katong Antique House (Museum der Peranakan-Kultur) 102
Kolonialviertel **30**, 61, 105, 115
Koon Seng Road 103
Kusu Island 56
Kwan Im Tong Hood Che Temple **34**, 38
Landgewinnung 43
Lasalle College of the Arts 18
Lian Shan Shuang Lin (Kloster) 60
Little India 14, 24, 26, 27, 47, 49, **52**, 71, 77, 81, 84, 94, 95, 101, 117, 123, 124
MacRitchie Reservat 114
Maghain Aboth Synagoge 34
Malay Heritage Centre 49, **52**
Malls 24
Marang Trail 109
Marina Barrage 41, 124
Marina Bay 17, 26, 28, **39**, 76, 85, 117, 123
Marina Bay City Gallery 42
Marina Bay Sands 20, 25, 26, 28, **42**, 65, 72, **75**, 101
Marina Bay Sands Hotel 39, 42, 90, **94**
Marine Life Park 55
Maritime Experiential Museum 55
Memories at Old Ford Factory 60
Merlion 17
Merlion Park 43
Mount Faber 53, **54**, 109
Mount Faber Scenic Park 54
Mount Imbiah 57
Museum der Peranakan-Kultur (Katong Antique House) 102
Mustafa (Kaufhaus) 80
National Design Centre 78
National Gallery Singapore 29, **34**

National Library 34
National Museum of Singapore 28, **35**
Ngee Ann City (Mall) 36, **76**
Nightsafari (Zoo) 60
Old Parliament (Arts House) 31
Onan Road 104
One Fullerton 43
Orchard Road 13, 24, 28, 29, **35**, 36, 72, 87, 100
Palawan Beach 56
Paragon (Mall) 36, 114
Park Connector 55
Pasir Ris 28
People's Park (Stoffmarkt) 80
Peranakan Museum (Asian Civilisations Museum) 32
Peranakan-Küche 62, 69
Peranakan-Kultur 32, 102
Peranakan-Viertel (Katong) 69, 96, **102**
Pinacothèque de Paris 33
Pinnacle@Duxton 32
Qi-Tian-Gong-Tempel 112
Queen Elizabeth Walk 106
Raffles City 91
Raffles Hotel **36**, 84, 89, **94**, 101
Raffles Place 37
Raffles, Sir Thomas Stamford 16, 26, 27, 30, 33, 36, 58, 86, 105
Raffles-Denkmal 26, 30, 106
Religionen 14
Resort World Sentosa 25, 53, **54**
Riesenrad (Singapore Flyer) 39, **43**, 124
Riversafari (Zoo) 60
Robertson Quay 83
Scotts Road 35
Sembawang 28
Seng Poh Road 112
Sentosa 17, 28, **52**, 67, 71, 90, 94
Sentosa Boardwalk 54
Serangoon Road 27, 51, 101
Shophouses 24
Siloso Beach 56
Singapore Art Museum 37
Singapore City Gallery (URA) 47
Singapore Discovery Centre 115
Singapore Flyer (Riesenrad) 39, **43**, 124
Singapore Management University 28, **38**
Singapore Repertory Theatre 89
Singapore Science Centre 115
Singapore Tyler Print Institute 47
Singapore Zoological Gardens 60
Singlish 24
Skypark 42
Smith Street 65
Snow City 115
Southern Ridges **55**, 108
Sports Hub Singapore 18, 61
Sri Krishnan Temple 38

150

IMPRESSUM

Sri Mariamman Temple **48**, 101, 117
Sri Senpaga Vinayagar Temple 105
Sri Srinivasa Perumal Temple 116
Sri Thendayuthapani Temple 116
St Andrew's Cathedral 38
St John's Island 56
Strände (Sentosa) 56
Straßenoper, chinesische 88
Sultan Mosque (Sultansmoschee) 50, **52**
Suntec City 36, 39
Takashimaya (Kaufhaus) 36, 72, 76, 100
Tan Si Chong Su Temple 48
Tanglin Village (Dempsey Hill) **59**, 84
Tanjong Beach 56
Telok Blangah Hill Top Park 108
Thian Hock Keng Temple 27, **49**
Tiong Bahru 63, **110**
Tiong Bahru Market 113
Underwater World 57
Universal Studios 17, 28, 54
Vergnügungsviertel Imbiah Lookout 57
Victoria Theatre and Concert Hall 29, **39**, 88
Vivo City 36, 52, 56, **57**, 66, 70, 72, 87, 110, 114
Wave House 56
wet markets 28, 124
Yong Siak Street 111
Zoo 60

SCHREIBEN SIE UNS!

Egal, was Ihnen Tolles im Urlaub begegnet oder Ihnen auf der Seele brennt, lassen Sie es uns wissen! Ob Lob, Kritik oder Ihr ganz persönlicher Tipp – die MARCO POLO Redaktion freut sich auf Ihre Infos.

Wir setzen alles dran, Ihnen möglichst aktuelle Informationen mit auf die Reise zu geben. Dennoch schleichen sich manchmal Fehler ein – trotz gründlicher Recherche unserer Autoren/innen. Sie haben sicherlich Verständnis, dass der Verlag dafür keine Haftung übernehmen kann.

MARCO POLO Redaktion
MAIRDUMONT
Postfach 31 51
73751 Ostfildern
info@marcopolo.de

IMPRESSUM
Titelbild: Skyline mit Sands Hotel und Gardens By The Bay (Getty Images: L. Mckie)
Fotos: Corbis/Reuters: E. Su (68); R. Freyer (7, 11, 25, 26/27, 33, 48/49, 59, 60, 70 l., 72/73, 84, 90/91, 97, 98/99); Getty Images: L. Mckie (1 o.); R. M. Gill (9, 30, 114/115); S./Chr. Hein (1 u.); huber-images: M. Borchi (47), M. Rellini (4 u., 5, 12/13, 42), Scatà (92), Schmid (Klappe l., Klappe r., 4 o., 10, 20/21, 37, 40, 51, 54, 56/57, 70 r., 118 o.), R. Schmid (2, 14/15, 62/63, 82/83); M. Kirchgessner (114); mauritius images/Alamy (3, 6, 8, 18 o., 18 u., 22, 35, 38, 44, 52, 64, 67, 76, 79, 80, 87, 95, 104, 110, 113, 118 u., 119, 130/131); mauritius images/ib: Stengert (17); mauritius images/Imagebroker/gourmet-vision (19 o.); mauritius images/Prisma (74); mauritius images/Westend 61 (19 u.); mauritius images/Ypps (18 M.); A. M. Mosler (89, 115); White Star: Reichelt (116, 116/117, 117)

11. Auflage 2016
Komplett überarbeitet und neu gestaltet
© MAIRDUMONT GmbH & Co. KG, Ostfildern
Chefredaktion: Marion Zorn
Autoren: Rainer Wolfgramm, Sabine und Dr. Christoph Hein; Redaktion: Christina Sothmann
Verlagsredaktion: Susanne Heimburger, Tamara Hub, Nikolai Michaelis, Kristin Schmipf, Martin Silbermann
Bildredaktion: Gabriele Forst
Im Trend: wunder media, München
Kartografie Cityatlas: © MAIRDUMONT, Ostfildern; Kartografie Faltkarte: © MAIRDUMONT, Ostfildern
Gestaltung Cover, S. 1, S. 2/3, Faltkartencover: Karl Anders – Büro für Visual Stories, Hamburg; Gestaltung innen: milchhof:atelier, Berlin; Gestaltung Erlebnistouren: Susan Chaaban Dipl.-Des. (FH)
Sprachführer: in Zusammenarbeit mit Ernst Klett Sprachen GmbH, Stuttgart, Redaktion PONS Wörterbücher
Das Werk einschließlich aller seiner Teile ist urheberrechtlich geschützt. Jede urheberrechtsrelevante Verwertung ist ohne Zustimmung des Verlags unzulässig und strafbar. Das gilt insbesondere für Vervielfältigungen, Übersetzungen, Nachahmungen, Mikroverfilmungen und die Einspeicherung und Verarbeitung in elektronischen Systemen.
Printed in China

BLOSS NICHT ☝

Ein paar Dinge, die Sie in Singapur beachten sollten

RAUSCHGIFT MITBRINGEN

Denken Sie erst gar nicht daran: Auch auf geringe Mengen Rauschgift (z. B. Designerdrogen, Hasch, Kokain, Heroin) stehen in Singapur drakonische Strafen, die bis zum Tod am Galgen reichen – auch für Ausländer. Es reicht schon der Besitz aus.

AM WOCHENENDE AUSFLÜGE MACHEN

Ab Samstagmittag zieht es Hunderttausende von Singapurern bis Sonntagabend an all die Ausflugsziele, die Sie auch besuchen wollen. Lässt es sich einrichten, widmen Sie sich diesen Attraktionen besser von Montag bis Freitag.

ANFASSEN

Manche Frauen nehmen ausländische Männer aus, indem sie ihnen vorwerfen, sie unsittlich berührt zu haben. Es drohen Gerichtsverfahren und hohe Strafen. Dafür reicht schon eine Berührung in der U-Bahn oder Disko. Üben Sie Zurückhaltung.

RAUCHEN UND KAUGUMMI KAUEN

Das Rauchen ist in klimatisierten Restaurants, öffentlichen Gebäuden und Fahrstühlen verboten – eine Geldbuße von 1000 S$ droht. Das berühmte Kaugummiverbot wurde nach zwölf Jahren gelockert: In Apotheken können Sie immerhin zwei Sorten Kaugummi „aus medizinischen Gründen" kaufen – etwa als Nikotinersatz für diejenigen, die dem Rauchen abschwören. Auf die Straße spucken dürfen Sie es trotzdem nicht.

OPFER VON NEPP UND SCHLEPPERN WERDEN

Hüten Sie sich vor „freundschaftlichen" Angeboten, die auf den ersten Blick supergünstig erscheinen. Oft stellen Sie sich als Nepp heraus. Das kann Schneider betreffen oder die kostenlose Stadtführung durch einen „Englischstudenten".
Dasselbe gilt auch für die Geschäfte der *touts,* der Schlepper, die Sie auf der Straße ansprechen: „Copy watch? T-Shirts? Girls?" Am Flughafen bekommen Sie den kostenlosen *Official Guide Singapore*. Darin finden Sie eine Liste jener Geschäfte, die mit dem sogenannten *Singapore Gold Circle* für ihre Zuverlässigkeit und Qualität ausgezeichnet wurden.

SONNE UND HITZE UNTERSCHÄTZEN

Singapur liegt am Äquator. Die Sonne sticht. Und zwar auch dann, wenn der Himmel bedeckt ist. Die ausgesprochen hohe Luftfeuchtigkeit darf nicht darüber hinwegtäuschen, wie sehr Sie schwitzen werden. Trinken Sie sehr viel – 3 l Wasser werden empfohlen – und sehr oft. Benutzen Sie nur Sonnencreme mit hohem Lichtschutzfaktor. Sie können sie in Singapur in jeder Drogerie kaufen – und das im Allgemeinen billiger als in Deutschland.